JN028361

逐条解説 シリーズ

逐条解説

●

令和5年改正
景品表示法
確約手続の導入など

前消費者庁表示対策課長
南　雅晴
前消費者庁消費者制度課企画官
片岡克俊
●
編著
前景品表示法検討プロジェクトチーム
小田典靖／渡辺大祐／山本竜大
●
著

商事法務

●はしがき

　令和5年（2023年）に行われた不当景品類及び不当表示防止法（景品表示法）の改正（令和5年改正法）は、前回改正が行われた平成26年（2014年）11月から約8年半ぶりの改正となるものである。

　平成26年の改正は、ホテル・レストラン等におけるメニュー表示等問題を受けて、異例の形ではあるが、同年6月、11月と2度にわたって行われている。同年6月の改正においては、事業者のコンプライアンス体制の確立及び行政の監視指導体制の強化の観点から所要の改正が行われ、同年11月の改正（11月改正法）においては課徴金制度が導入されるとともに、11月改正法の附則においては、施行後5年後の見直し規定が設けられた。この11月改正法は平成28年（2016年）4月1日に施行されており、令和3年（2021年）度末に既に施行後5年が経過している状態であった。

　また、景品表示法が制定された当時（昭和37年（1962年））と現在との間ではもちろんであるが、平成26年改正時と現在とを比べても、大きく社会状況が変化している。特に、近年のデジタル化の進展により、電子商取引が盛んとなり、これに対応して、事業者が行う広告表示もインターネットによるものが主流となっている。電子商取引の進展により、国際的な取引も盛んに行われるようになっていた。そこで景品表示法には、このような社会状況の変化に対応した法制度の在り方についての検討が必要とされていた。

　このような背景の下、消費者庁は、有識者等からなる「景品表示法検討会」（本検討会）を令和4年（2022年）に開催し、その取りまとめ結果として、令和5年（2023年）1月13日に本検討会報告書（本報告書）を公表した。本検討会では、各論点について検討・議論を重ね、本報告書の形で提言を行っている。その中でも、早期に対応すべき課題については、景品表示法の改正の必要性について提

言がなされているものがある。かかる提言も踏まえ、今般景品表示法が改正されるに至ったものである。

　令和5年改正法においては、確約手続を導入している。独占禁止法においても既に類似の制度が導入されているが、景品表示法にも確約手続を導入することにより、事業者の自主的な取組が促進されることを期待している。また、一方で、課徴金制度の見直しや罰則規定の拡充を図っており、違反行為に対する抑止力を強化している。その他、円滑な法執行の実現に向けて、各規定の整備等も行っている。

　本書は、この令和5年改正法の作成作業の中核となった景品表示法検討プロジェクトチームのメンバーが中心となり、同改正に関係したその他の消費者庁職員も協力して、同改正法について解説したものである。社会経済状況がいかに変化しようとも、事業者が行う表示が適正であることは、一般消費者が自主的かつ合理的に商品選択を行うための不可欠の前提条件であると言える。本書が、広告・宣伝業務に携わる実務担当者、消費者、実務家など、関係各位にとって、同改正法の趣旨やその内容を理解し、表示の適正化を更に進める上での一助になることを強く期待したい。

　なお、本書の執筆内容については、執筆者それぞれの個人的な責任によるものであることをあらかじめお断りしておく。

　本書を執筆するに当たり、校正作業において、消費者庁表示対策課の江本直樹氏に多大なご協力をいただいた。ここに記して深く感謝を申し上げる。

　最後に、本書が公刊できるに至るまでには、株式会社商事法務の辻有里香氏に多大なご尽力をいただいた。深く御礼申し上げる。

　令和5年10月

　　　　　　　　　　　　　　消費者庁審議官　真渕　博

逐条解説　令和5年改正景品表示法
もくじ

第1部　改正の経緯及び本改正法の概要

第2部　逐条解説

第 3 部　資　　料

●凡　例

現行法	不当景品類及び不当表示防止法（昭和 37 年法律第 134 号）
本改正法	不当景品類及び不当表示防止法の一部を改正する法律（令和 5 年法律第 29 号）
新法	本改正法施行後の不当景品類及び不当表示防止法（昭和 37 年法律第 134 号）

※　現行法および新法において条数および条項の内容に変更がないものについては、「現行法」「新法」のいずれも付していない。

●執筆者一覧（令和 5 年 10 月 1 日時点。全員、前景品表示法検討プロ
　　ジェクトチーム）

[編著者]

南　雅晴
　　公正取引委員会事務総局審査局犯則審査部第一特別審査長（前消費者
　　庁表示対策課長）

片岡　克俊
　　公正取引委員会事務総局官房国際課企画官（前消費者庁消費者制度課
　　企画官）

[著者]

小田　典靖
　　消費者庁表示対策課上席景品・表示調査官（前消費者庁消費者制度課
　　政策企画専門官）

渡辺　大祐
　　光和総合法律事務所パートナー弁護士（前消費者庁表示対策課景品・
　　表示調査官）

山本　竜大
　　消費者庁消費者教育推進課課長補佐（前消費者庁表示対策課景品・表
　　示調査官）

第 1 部

改正の経緯及び本改正法の概要

第1章 本改正法成立までの経緯

　不当景品類及び不当表示防止法（昭和37年法律第134号。以下「景品表示法」という。）は、商品及び役務の取引に関連する不当な景品類及び表示による顧客の誘引を防止するため、私的独占の禁止及び公正取引の確保に関する法律（昭和22年法律第54号。以下「独占禁止法」という。）の特例を定めることにより、公正な競争を確保し、もって一般消費者の利益を保護することを目的として昭和37年に制定され、昨年（令和4年）、制定から60年を迎えたところである。

　景品表示法は上記のとおり、当初、独占禁止法の特例法として制定され、独占禁止法を所管する公正取引委員会が所管していたが、平成21年5月、消費者庁関連3法^(注1)の成立によって、目的規定が「商品及び役務の取引に関連する不当な景品類及び表示による顧客の誘引を防止するため、一般消費者による自主的かつ合理的な選択を阻害するおそれのある行為の制限及び禁止について定めることにより、一般消費者の利益を保護すること」と改正された^(注2)ほか、所要の改正がなされた上で、同年9月1日に消費者庁に移管された。

　消費者庁に移管後、景品表示法は平成26年に2度にわたり改正されている。まず、同年6月に成立した不当景品類及び不当表示防止法等の一部を改正する等の法律（平成26年法律第71号。以下「平成26年6月改正法」という。）においては、事業者のコンプライアンス体制の確立及び行政の監視指導体制の強化の観点から、所要の改正が行われた。

　次いで、同年11月に成立した不当景品類及び不当表示防止法の一部を改正する法律（平成26年法律第118号。以下「平成26年11月改正法」という。）においては、課徴金制度が導入された。

　そして、今般、確約手続の導入等を内容とする不当景品類及び不当表示防止法の一部を改正する法律が成立した。

　本改正法は、令和 5 年 2 月 28 日に法案の国会提出が閣議決定され、衆議院と参議院における消費者問題に関する特別委員会において審議されたところ、いずれの委員会においても全会一致で原案どおり可決された。そして、各議院の本会議においても可決され、同年 5 月 10 日に成立し、同月 17 日に公布されたものである。

　以下では、平成 26 年 6 月改正及び同年 11 月改正から本改正法成立に至るまでの経緯について詳述する。

（注 1）　消費者庁及び消費者委員会設置法（平成 21 年法律第 48 号）、消費者庁及び消費者委員会設置法の施行に伴う関係法律の整備に関する法律（平成 21 年法律第 49 号）及び消費者安全法（平成 21 年法律第 50 号）の 3 法をいう。

（注 2）　景品表示法に基づく過大な景品類の提供及び不当表示に対する規制は、①公正な競争を確保するとともに、②消費者が自主的かつ合理的に商品又は役務の選択を行える意思決定環境の創出・確保を図るための消費者政策とも位置付けられるところ、消費者庁が所管する消費者法と位置付けるために、後者の観点から目的規定を改正したものである（西川康一編著『景品表示法〔第 6 版〕』（商事法務、2021 年）27 頁）。

1　景品表示法検討会の開催等

⑴　平成 26 年 6 月改正及び同年 11 月改正

　景品表示法は、これまで一般消費者による自主的かつ合理的な選択を確保するために重要な役割を果たしてきたものであるところ、上記のとおり、平成 26 年に 2 度にわたる改正を行っている。かかる改正の背景として、平成 25 年秋以降に社会問題化した、ホテルやレストラン等によるメニュー表示等の偽装問題があった。

　まず、平成 26 年 6 月改正法においては、事業者のコンプライアンス体制の確立として、事業者は、自己の供給する商品又は役務の

取引について、不当表示等の発生を防止するために必要な体制の整備その他の必要な措置等を講じなければならないとされるとともに、行政の監視指導体制の強化として、①都道府県知事に措置命令権限及び合理的根拠提出要求権限が付与されたほか、②事業所管大臣又は金融庁長官に対して、緊急かつ重点的に不当表示等に対処する必要がある場合などに調査の権限を委任できることが定められた。

　次いで、平成26年11月改正法においては、課徴金制度が導入された。同改正法では、不当表示による消費者の被害の回復を促進する観点から、所定の手続に沿って消費者に自主返金（返金措置）を行った場合に、返金相当額を課徴金額から減額する、又は返金相当額が課徴金額を上回るときは課徴金の納付を命じないこととしている。この減額制度は、我が国で課徴金制度を導入している他法には類例がなく、景品表示法で初めて取り入れられたものである。

(2)　景品表示法検討会の開催

　平成26年11月改正法の附則では、施行から5年が経過したところで施行の状況について検討を加え、必要があると認めるときは所要の措置を講ずることとされ、附帯決議においても必要な見直しを行うなどの適切な措置を講ずべきであるとされた。

　また、景品表示法が制定された当時（昭和37年）と現在とでは、特に、近年のデジタル化の進展により、大きく社会状況が変化している。景品表示法について、このような社会状況の変化に対応した法制度の在り方についての検討が必要とされていた。

　このような状況の下、消費者庁は、有識者等からなる「景品表示法検討会」（以下「本検討会」という。）を令和4年3月16日から同年12月22日までの期間で10回にわたって開催し、各論点について検討・議論を重ね、その取りまとめ結果として、令和5年1月13日に本検討会報告書（以下「本報告書」という。）を公表した（資

料 2-2）。本報告書では、様々な論点について提言を行っており、かかる提言を踏まえ、政府として本改正法案が取りまとめられ、今般景品表示法を改正するに至ったものである。

2　国会における法案審議とその後

令和5年2月28日、「不当景品類及び不当表示防止法の一部を改正する法律案」は閣議決定され、第211回国会に提出された。まず、衆議院消費者問題に関する特別委員会に付託され、同委員会においては、同年4月4日に提案理由説明が、同月11日に質疑が行われた。同日の質疑の後、採決が行われ、全会一致で可決された後、同月13日の衆議院本会議において全会一致で可決され、参議院に送付された。続いて、同月26日に参議院消費者問題に関する特別委員会において提案理由説明が行われ、同月28日に質疑の後、採決が行われて、全会一致で可決された。同年5月10日、法案は参議院本会議において可決され、本改正法が成立し、同月17日に公布された。

国会における審議では、不当表示の抑止に係る実効性の観点から、本改正法の施行状況について不断の見直しを継続し、抑止力が不十分と評価された場合には、原則的な課徴金算定率の引上げや規模基準を引下げるべきべきではないかとの議論や、確約手続については、運用基準等により、確約手続を利用し得る事案・事業者の対象範囲や、消費者に対し妥当な額を算定して返金することが確約措置の十分性を満たすために有益であること及び確約手続の対象となった事業者名・事案の概要を公表することを明確にすべきではないかといった議論がなされた。衆議院・参議院ともに、委員会における採決の際、附帯決議が附されたが、その内容は、こうした議論を反映したものとなっている（資料 2-4 参照）。

第2章 本改正法の概要

第1 概　要

1　総則

本改正法における主な改正事項としては、大きく3つに分けられる（資料2-3）。

第一に、事業者の自主的な取組の促進である。

優良誤認表示等の疑いのある表示等をした事業者が是正措置計画等を申請し、内閣総理大臣（消費者庁長官）から認定を受けたときは、当該行為について、措置命令及び課徴金納付命令の規定を適用しないこととする確約手続を導入することとしている。また、特定の消費者へ一定の返金を行った場合に課徴金額から当該金額が減額される返金措置に関して、返金方法として金銭以外の支払手段も許容し、課徴金制度における返金措置の弾力化を図っている。

第二に、違反行為に対する抑止力の強化である。

課徴金の計算の基礎となるべき事実を把握することができない期間における売上額を推計することができる規定を整備し、また、違反行為から遡り10年以内に課徴金納付命令を受けたことがある事業者に対し、課徴金の額を加算（1.5倍）する規定を新設することにより課徴金制度の見直しを図っている。さらに、優良誤認表示又は有利誤認表示に対する直罰の新設による罰則規定の拡充を講ずることとしている。

第三に、円滑な法執行の実現に向けた各規定の整備等である。

措置命令等における送達制度の整備・拡充を行い、また、外国執

行当局に対する情報提供制度を創設し、国際化の進展への対応を行うこととしている。さらに、適格消費者団体が、優良誤認表示の疑いのある表示を行う事業者に対し、表示の裏付けとなる合理的な根拠を示す資料の開示を要請することができるとともに、事業者は当該要請に応ずる努力義務を負う旨の規定等を整備することとしている。

　本改正法は、一部の規定^(注)を除き、公布日から起算して1年6月を超えない範囲内において政令で定める日から施行される（本改正法附則第1条）。

> （注）　本改正法附則第4条は本改正法の施行に伴い必要な経過措置は政令で
> 　定める旨を規定しているところ、当該規定は本改正法の公布の日（令和5
> 　年5月17日）が施行期日とされている（本改正法附則第1条第1号）。
> 　　また、いわゆるデジタル原則に照らした規制の見直しとして、課徴金納
> 　付命令の名宛人となるべき者の所在が判明しない場合の弁明の機会の付与
> 　の通知について、内閣府令で定める方法により不特定多数のものが公示す
> 　べき事項を閲覧することができる状態に置く措置（具体的にはインター
> 　ネットを用いた方式を想定している）を導入しているが（新法第15条第2
> 　項）、かかる弁明の機会の付与の通知のデジタル化については、令和4年
> 　に改正された民事訴訟法（平成8年法律第109号）のうちデジタル化の事
> 　項に関する施行期日（公布から4年以内）と平仄を合わせる必要がある。
> 　そこで、本項目にかかる改正については、公布の日から起算して3年を超
> 　えない範囲内において政令で定める日が施行期日とされている（本改正法
> 　附則第1条第2号）。

2　主な改正事項の概要

　以下、主な改正事項の概要を述べるが、便宜上、前記3つの項目の順番ではなく、条文の順に説明を行う。

(1)　売上額の推計（新法第8条第4項）

　新法第8条第4項は、違反行為をした事業者が、課徴金対象行為

に係る課徴金の計算の基礎となるべき事実について新法第25条第1項の規定による報告を求められたにもかかわらずその報告をしない場合において、当該違反行為をした事業者に係る課徴金対象期間のうち当該事実の報告がされず当該事実を把握することができない期間における売上額を、合理的な方法により推計して、課徴金の納付を命ずることができることを規定するものである。

　推計に当たっては、内閣総理大臣（消費者庁長官）は、当該違反行為をした事業者又は当該課徴金対象行為に係る商品若しくは役務を供給する他の事業者若しくは当該商品若しくは役務の供給を受ける他の事業者から入手した資料その他の資料を用いることにより、推計を行うことができることとするものである。なお、推計の合理的な方法については内閣府令で具体的に定めることとしている。

(2)　課徴金の額の加算（新法第8条第5項・第6項）

　新法第8条第5項・第6項は、①報告徴収等（新法第25条第1項の規定による報告の徴収、帳簿書類その他の物件の提出の命令、立入検査又は質問をいう。新法第8条第6項第1号）、②新法第8条第3項の規定による資料の提出の求め（同項第2号）、③課徴金納付命令に係る弁明の機会の付与に関する第15条第1項の規定による通知が行われた日（新法第8条第6項第3号）のうち最も早い日（以下「基準日」という。）から遡って10年以内に課徴金納付命令を受けたことがある者に対し、割増算定率を適用することとするものである（同条第5項）。

　違反行為は長期間にわたって行われる場合が多いことから、繰り返しの違反行為を抑止するための実効性を確保するために、過去の違反行為の対象となる期間を、起算点（基準日）から遡り10年以内としている。

　割増算定率は1.5倍とされており、これにより課徴金算定率は

4.5% と規定されている。

(3) 課徴金制度における返金措置の弾力化（新法第 10 条第 1 項）

　現行法第 10 条は返金措置について規定しているところ、本改正法により、返金措置として金銭以外の支払手段も許容し、事業者による制度利用のインセンティブを高めることとしたものである。

　金銭以外の支払手段としては、金銭代替性及び法律による規制の有無等を考慮し、新法第 10 条第 1 項は「資金決済に関する法律（平成 21 年法律第 59 号）第 3 条第 7 項に規定する第三者型発行者が発行する同条第 1 項第 1 号の前払式支払手段その他内閣府令で定めるものであつて、金銭と同様に通常使用することができるものとして内閣府令で定める基準に適合するもの」としており、具体的な基準等については内閣府令で別途定めることとしているが、金銭以外の支払手段を交付する場合は、金銭の交付を望む消費者の意思を尊重する観点から、「当該金銭以外の支払手段の交付を承諾した者に対し行うものに限る」との限定を付している。

(4) 確約手続（新法第 26 条ないし新法第 33 条）

ア　通知（新法第 26 条及び新法第 30 条）

　内閣総理大臣（消費者庁長官）は、違反被疑行為に係る調査を開始して以降、景品表示法に違反する行為があると疑うに足りる事実がある場合に、違反被疑行為について、一般消費者による自主的かつ合理的な商品及び役務の選択を確保する上で必要があると認めるときは、当該違反被疑行為をしている者に対し、通常の調査手続から確約手続に移行するために、当該違反被疑行為の概要及び違反する疑いのある法令の条項等を書面により通知することができる（新法第 26 条）。また、当該違反被疑行為が既になくなっている場合においても、内閣総理大臣（消費者庁長官）は、一般消費者による自

主的かつ合理的な商品及び役務の選択を確保する上で必要があると
認めるときは、当該違反被疑行為をした者等に対し、当該違反被疑
行為の概要及び違反する疑いのあった法令の条項等を書面により通
知することができる（新法第30条）。

　イ　申請（新法第27条第1項及び第2項並びに新法第31条第1項及
　　び第2項）

　前記アの通知を受けた者は、違反被疑行為及びその影響を是正す
るために必要な措置（新法第27条第1項。以下「是正措置」という）、
又は違反被疑行為による影響を是正するために必要な措置（新法第
31条第1項。以下「影響是正措置」という。なお、以下「確約措置」と
総称する。）を自ら策定し、実施しようとするときは、その実施し
ようとする是正措置に関する計画（新法第27条第1項）又は影響是
正措置に関する計画（新法第31条第1項。以下「影響是正措置計画」
という。なお、以下「確約計画」と総称する。）を作成し、これを、当
該通知を受けた日から60日以内に内閣総理大臣（消費者庁長官）に
提出して、その認定を申請することができる。

　ウ　認定、却下及び変更（新法第27条第3項ないし第9項及び新法
　　第31条第3項ないし第8項）

　内閣総理大臣（消費者庁長官）は、前記イの申請があった場合に
おいて、当該確約計画が、違反被疑行為及びその影響（影響是正措
置計画に関しては、違反被疑行為による影響）を是正するために十分
なものであり（措置内容の十分性）、かつ、確実に実施されると見込
まれるものである（措置実施の確実性）と認めるときは、その認定
をする（新法第27条第3項ないし第5項、新法第31条第3項及び第4
項）。なお、事業者が申請前から実施している措置があり、申請に
おいて当該措置についての記載があった場合には、内閣総理大臣
（消費者庁長官）は当該措置の内容も含めて判断していくこととなる。

　また、内閣総理大臣（消費者庁長官）は、当該確約計画が前記の

要件のいずれかに適合しないと認めるときは、これを却下しなければならない（新法第 27 条第 6 項、新法第 31 条第 5 項）。

　なお、認定を受けた者は、当該認定に係る確約計画を変更しようとするときは、内閣総理大臣（消費者庁長官）の認定を受けなければならない（新法第 27 条第 8 項及び第 9 項、新法第 31 条第 7 項及び第 8 項）。

エ　認定の効果（新法第 28 条及び新法第 32 条）

　前記ウの認定をした場合において、当該違反被疑行為については、措置命令及び課徴金納付命令を行わない。

オ　認定の取消し（新法第 29 条第 1 項及び新法第 33 条第 1 項）

　内閣総理大臣（消費者庁長官）は、確約計画に従って確約措置が実施されていないと認めるとき又は認定を受けた者が虚偽若しくは不正の事実に基づいて当該認定を受けたことが判明したときは、当該認定を取り消さなければならない。

⑸　資料開示要請等（新法第 35 条）

　適格消費者団体は、事業者が、不特定かつ多数の一般消費者に対して優良誤認表示又は有利誤認表示を現に行い又は行うおそれがあるときは、当該事業者に対し、当該行為の停止若しくは予防又は当該行為が優良誤認表示・有利誤認表示をしたものである旨の周知その他の当該行為の停止若しくは予防に必要な措置をとることを請求することができる（新法第 34 条第 1 項）。

　かかる適格消費者団体による差止請求の実効性を確保するため、消費者契約法及び消費者の財産的被害の集団的な回復のための民事の裁判手続の特例に関する法律の一部を改正する法律（令和 4 年法律第 59 号）により消費者契約法（平成 12 年法律第 61 号）に導入された、適格消費者団体による要請とこれに応じる事業者の努力義務の例（同法第 12 条の 4）に倣い、事業者が現にする表示が優良誤認

表示に該当すると疑うに足りる相当な理由があるときは、当該事業者に対し、表示の裏付けとなる合理的根拠を示す資料を開示するよう要請することができることとされた（新法第35条第1項）。

(6)　外国執行当局への情報提供（新法第41条）

景品表示法の規制対象となる事業者（第2条第1項）には、所在地の要件はないため、我が国以外に所在する事業者であっても、不当表示を行うことはあり得る。近年のデジタル化の進展等に伴い、海外に所在する事業者による景品表示法違反も見られるようになっている。国境を越えた執行協力の強化の必要性については、各国で認識されている。実際に各国では、国境を越えた消費者被害が発生している案件の法執行について、外国執行当局とより円滑に協力できるよう、情報を共有するなどの取組が行われている。

外国執行当局からこのような協力を得るためには、消費者庁も海外当局に対して同様の協力をする制度的基盤を備えるという「相互主義」の確保が必要不可欠であり、かかる観点から、外国執行当局に対して、情報の提供を行うための根拠規定が設けられたものである。

(7)　措置命令等における送達規定の整備・拡充（新法第42条ないし新法第44条等）

上記のとおり、海外に所在する事業者による景品表示法違反も見られるところ、違反行為を認定できたとしても、当該事業者が日本から拠点を撤去するなどした場合に、国内において円滑に行政処分が行えなくなるおそれがある。このような状況等を踏まえ、措置命令における公示送達や外国における送達等についての規定を整備等するため、まず新法第7条第3項において措置命令は措置命令書を送達して行うことを規定するとともに、課徴金の節（第2章第3節）

に置かれていた送達に関する規定（現行法第21条ないし現行法第24条）を雑則（第5章）に移動させる等、送達制度の整備・拡充を図ったものである。

(8) 罰則規定の拡充（新法第48条）

現行法上、不当表示があった場合には措置命令が行われ、これに従わなかった場合に罰則を適用することとなっており（現行法第36条第1項）、不当表示をしたことにより直接罰する規定はない。しかしながら、事業者の中には、自らの表示が不当表示に該当することを認識・認容しながら、表示を行う者もいる。

このように、積極的に規範を乗り越える事業者にとって、公益確保のための行政処分では抑止力として十分ではないことから、本改正法により、不当表示のうち優良誤認表示又は有利誤認表示をしたことにより直接罰する、より強い抑止手段を導入することとしたものである（いわゆる「直罰」規定の導入）。

第2 終わりに

本改正法は、商品又は役務の取引に関する表示をめぐる昨今の状況に鑑み、事業者の自主的な取組の促進、違反行為に対する抑止力の強化、円滑な法執行の実現に向けた各規定の整備等を講ずることで、一般消費者の利益の一層の保護を図ることを目的とするものである。

消費者庁表示対策課においては、施行日までの間に政令や内閣府令、運用基準等を整備するなど、本改正法の円滑な施行に向けて所要の準備業務を行っているところである。

第2部

逐条解説

第2章 景品類及び表示に関する規制

第2節 措置命令

　以下では、本改正法により改正された部分について、趣旨及び内容等を解説する。なお、本改正法は、改正項目以外について条番号等を整理して変更しているところ、条文の文言を一切変えることなく条番号のみを変更しているもの（実質的な改正がない条文）があるが、当該条文については説明を省略する。他方、引用条文の変更等により文言が変更された条文については解説を行うこととする。

第7条
第2項

> 2　内閣総理大臣は、前項の規定による命令（以下「措置命令」という。）に関し、事業者がした表示が第五条第一号に該当するか否かを判断するため必要があると認めるときは、当該表示をした事業者に対し、期間を定めて、当該表示の裏付けとなる合理的な根拠を示す資料の提出を求めることができる。この場合において、当該事業者が当該資料を提出しないときは、同項の規定の適用については、当該表示は同号に該当する表示とみなす。

解　説

1　改正の趣旨

　本項は、本条第1項の規定による命令について文言の整理を行うものである。

　第7条第1項に基づく命令は、同条が規定されている節が「第2

節　措置命令」とされていることから、一般には、措置命令と呼ばれているが、条文中には、「措置命令」との用語は用いられていなかった。新法においては、本条第1項の規定による命令が他の条文において多数回引用されることとなったため、命令そのものに略称を設けた方が規定が簡潔となる。そこで、本項において、「前項の規定による命令（以下「措置命令」という。）」と規定し、略称を設けたものである[注]。

　　（注）　第8条第1項の規定による命令については、同条第3項において、既に「課徴金納付命令」という略称が設けられている。

第3項

> 3　措置命令は、措置命令書の謄本を送達して行う。

解　説

1　改正の趣旨

　本項は、措置命令について、措置命令書の謄本を送達して行うことを規定するものである。

　本項を新設する意義は、大きく分けて2つある。

　第一に、措置命令は行政手続法（平成5年法律第88号）上の不利益処分（行政手続法第2条第4号柱書）に該当するものであるところ、行政手続の一般法である行政手続法には、不利益処分について、謄本を相手方に交付する方法で行う旨の規定はない。行政処分は、相手方に行政庁の意思表示が到達することによって効力が発生するが（最判昭和29年8月24日刑集8巻8号1372頁）、措置命令の効力についても、いわゆる「到達主義」（民法（明治29年法律第89号）第97条第1項）により、相手方に措置命令の内容が到達したときに発生することとなる。このように、行政手続法において、行政処分は謄

本を相手方に交付する方法で行う旨の規定がなされているわけではないものの、景品表示法上の措置命令は、公権力の主体たる国（内閣総理大臣（消費者庁長官））が行う、直接国民の権利義務に影響を与える行政処分であること及び、手続の明確性の観点から、措置命令は措置命令書の謄本を相手方に交付する方法で行う（措置命令は書面により行う）こととする必要がある。

　第二に、現行法においては、送達規定は課徴金納付命令に係るもののみが規定されており（現行法の送達規定（現行法第21条以下）は、「第3節　課徴金」の中に規定されており、課徴金納付命令に係る手続について用いることが前提とされている。）、上記のとおり、措置命令については規定されていない。ここで、不当な顧客誘引を防止するために、一般消費者の自主的かつ合理的な選択を阻害するおそれのある行為の禁止を目的とする景品表示法において、目的達成のための第一義的な手段は、措置命令であると解される。そして、措置命令を行うべき相手方の所在が不明の場合があるなど、措置命令に関しても公示送達や外国における送達等について規定する必要がある（また、本改正法の付郵便送達の規定（新法第43条）の新設についても同様である。）。そこで、送達規定を課徴金納付命令のみならず措置命令についてもかからしめるために、前提として、措置命令の交付の方法として、措置命令は措置命令書の謄本を送達して行う旨の規定を新設する必要がある。

第3節　課徴金

第8条（課徴金納付命令）
第4項

> 4　第一項の規定により課徴金の納付を命ずる場合において、当該事業者が当該課徴金対象行為に係る課徴金の計算の基礎となるべき事実について第二十五条第一項の規定による報告を求められたにもかかわらずその報告をしないときは、内閣総理大臣は、当該事業者に係る課徴金対象期間のうち当該事実の報告がされず課徴金の計算の基礎となるべき事実を把握することができない期間における第一項に定める売上額を、当該事業者又は当該課徴金対象行為に係る商品若しくは役務を供給する他の事業者若しくは当該商品若しくは役務の供給を受ける他の事業者から入手した資料その他の資料を用いて、内閣府令で定める合理的な方法により推計して、課徴金の納付を命ずることができる。

解　説

1　改正の趣旨

　本項は、違反行為をした事業者が、（当該）課徴金対象行為に係る課徴金の計算の基礎となるべき事実について新法第25条第1項の規定による報告を求められたにもかかわらずその報告をしない場合において、当該違反行為をした事業者に係る課徴金対象期間のうち当該事実の報告がされず当該事実を把握することができない期間における売上額（第8条第1項に定める売上額をいう。以下本項の解説において同じ）を推計して、課徴金の納付を命ずることができることを規定している。

　課徴金納付命令の対象となる「当該課徴金対象行為に係る商品又は役務」は、個別事件ごとに内閣総理大臣（消費者庁長官）が認定

する不当表示が前提となる。このため、違反行為をした事業者に
よっては、必ずしも、内閣総理大臣（消費者庁長官）が認定した不
当表示に対応する「商品又は役務」の売上額に係るデータを整備し
ていない場合や、内閣総理大臣（消費者庁長官）が認定した「課徴
金対象期間」に相当する売上額を算定するための帳簿書類の一部が
欠落している場合がある。そのような場合、通常の調査と比べて調
査に時間を要することとなるばかりか、売上額に係る課徴金の計算
の基礎となるべき事実を把握することができない事態が生じる可能
性もある。このため、課徴金の計算の基礎となるべき事実を把握で
きない期間に係る推計規定を整備するものである。

　このような推計規定としては、税額等の確定に関して、所得金額
の実額を算定できない場合には納税者に対して適正な課税を行うこ
とができないため、租税の公平・平等負担という原則が損なわれて
しまうことから、税法（法人税法（昭和40年法律第34号）第131条
及び所得税法（昭和40年法律第33号）第156条）では、課税標準又
は欠損金額の推計規定が設けられており、推計の必要がある場合の
推計課税（推計規定の適用）が許容されている。また、独占禁止法
第7条の2第3項においても、売上額等の推計について規定してい
る。課徴金の算定方法については、できるだけ事業者の行った違反
行為の結果を適正に反映することができるような方法であり、かつ、
画一的なものでなければならないという要請があることといった、
これらの推計規定の趣旨は景品表示法においてもあてはまるもので
ある。

2　「課徴金の計算の基礎となるべき事実」

　「課徴金の計算の基礎となるべき事実」とは、文字どおりかかる
事実のことであるが、かかる事実は、課徴金の算定基礎となる売上
額を把握するために必要となる証拠に基づき認定される。

3　「第25条第1項の規定による報告を求められたにもかかわらずその報告をしないとき」

「第25条第1項の規定による報告を求められたにもかかわらずその報告をしないとき」とは、例えば、内閣総理大臣（消費者庁長官）が課徴金の計算の基礎となるべき事実を把握するために、事業者に対し新法第25条第1項の規定による報告命令を発したにもかかわらず、当該事業者が課徴金を計算するために必要となる事実に関する資料を保管していない（欠落している）等により、その報告がなされないときを指す。

4　「当該事業者に係る課徴金対象期間のうち当該事実の報告がされず課徴金の計算の基礎となるべき事実を把握することができない期間」

「課徴金対象期間のうち当該事実の報告がされず課徴金の計算の基礎となるべき事実を把握することができない期間」については売上額の推計を行うことができるとするものである。

5　「当該事業者又は当該課徴金対象行為に係る商品若しくは役務を供給する他の事業者若しくは当該商品若しくは役務の供給を受ける他の事業者から入手した資料その他の資料を用いて、内閣府令で定める合理的な方法により推計して」

推計に当たっては、内閣総理大臣（消費者庁長官）は、①「当該事業者」（違反行為をした事業者、違反行為者）、②「当該課徴金対象行為に係る商品若しくは役務を供給する他の事業者」、③「当該商品若しくは役務の供給を受ける他の事業者」から入手した資料その他の資料を用いることにより、推計を行うことができることとするものである。

　なお、具体的な推計の方法は、内閣府令で定めることとしている。同様の推計規定がなされている独占禁止法の下位法令（公正取引委員会の審査に関する規則（平成17年10月19日公正取引委員会規則第5号）第23条の6）においては、売上額が把握できている期間の日割平均額に算定対象期間の日数を乗じる形で推計することとしており、内閣府令においても、当該規定を参考の上で定めることが想定されている。

第5項・第6項（課徴金の額の加算）

5　事業者が、基準日から遡り十年以内に、課徴金納付命令（当該課徴金納付命令が確定している場合に限る。）を受けたことがあり、かつ、当該課徴金納付命令の日以後において課徴金対象行為をしていた者であるときにおける第一項の規定の適用については、同項中「百分の三」とあるのは、「百分の四・五」とする。

6　前項に規定する「基準日」とは、同項に規定する課徴金対象行為に係る事案について、次に掲げる行為が行われた日のうち最も早い日をいう。

一　報告徴収等（第二十五条第一項の規定による報告の徴収、帳簿書類その他の物件の提出の命令、立入検査又は質問をいう。第十二条第四項において同じ。）

二　第三項の規定による資料の提出の求め

三　第十五条第一項の規定による通知

解　説

1　改正の趣旨

　第5項及び第6項は、①報告徴収等（新法第25条第1項の規定による報告の徴収、帳簿書類その他の物件の提出の命令、立入検査又は質問をいう。）、②第8条第3項の規定による資料の提出の求め、③第

15 条第 1 項の規定による通知が行われた日のうち最も早い日（以下「基準日」という。）から遡り 10 年以内における繰り返し違反に対する課徴金の割増算定率を規定している。

　課徴金制度は、金銭的不利益処分を課すことによって違反行為を抑止するために導入されたものである。事業者の中には違反行為を繰り返す者もいるところ、そのような事業者は、課徴金納付命令を受けてもなお違反行為を行うインセンティブが生じるほどの利得を得ていると考えられることから、基準日から遡って 10 年以内に課徴金納付命令を受けたことがある者に対し、割増算定率を適用することとされたものである。

2　遡る期間及び起算点（基準日）の考え方等

(1)　「基準日から遡り 10 年以内」（遡る期間の起算点）

　1 回目の違反行為と 2 回目の違反行為それぞれにつき、どの時点を基準として遡る期間を見るか（いずれの日を基準日として遡る期間を見るか）という点については、例えば、2 回目の課徴金納付命令の対象となる違反行為（課徴金対象行為）の始期を基準とすることが考えられる。しかしながら、違反行為は長期間にわたって行われることがあるため証拠が散逸し、その始期を認定することが困難な場合もあること、また、場合によっては 2 回目の違反行為が 1 回目の違反行為よりも前から行われている場合も想定できるなどの問題点がある。

　そこで、起算点（基準日）は、第 6 項において、当該課徴金対象行為に係る事案について、景品表示法及び行政手続法において法定されている調査に係る手続が行われた客観的な日として最も早い日としている。すなわち、

①　報告徴収等（第 1 号）

②　第 8 条第 3 項の規定による資料の提出の求め（第 2 号）

③ 課徴金納付命令に係る弁明の機会の付与に関する第15条第
1項の規定による通知（第3号）

が行われた日^(注)を比較し、そのうち最も早い日を起算点（基準
日）とする。

(注) 上記①～③は内閣総理大臣（消費者庁長官）が行うものであり、「行
われた日」というのは、例えば、上記③であれば通知が発信された日を指
す。

(2) 「課徴金納付命令（当該課徴金納付命令が確定している場合に限る。）を受けたことがあり」（違反歴の基準）

繰り返し違反に対する課徴金の割増算定率の適用に当たり、何を
もって過去の違反歴の基準とするかについては、過去の違反行為の
終期を基準とすることも考えられるが、違反行為をした事業者は、
課徴金納付命令を受けて初めて、それによって当該事業者が受ける
こととなる不利益等を認識するものである。したがって、「課徴金
納付命令（当該課徴金納付命令が確定している場合に限る。）」を受け
たことを違反歴の基準としている。

(3) 遡る期間

違反行為は長期間にわたって行われる場合が多いことから、遡る
期間に限定を設けないとすると法的安定性を害することとなる。そ
こで、繰り返しの違反行為を抑止するための実効性を確保するため
に、過去の違反行為の対象となる期間を、前記(1)の起算点（基準
日）から遡る10年以内としている（独占禁止法における繰り返し違
反に対する課徴金も遡る期間を10年としている。）。

3 「課徴金納付命令……を受けたことがあり、かつ、当該 課徴金納付命令の日以後において課徴金対象行為をしてい た者」（割増算定率が適用される事業者）

　割増算定率が適用される事業者（第 5 項の適用対象となる事業者）
は、（上記 2 において述べた「基準日」から遡り 10 年以内に）課徴金納
付命令を受けたことがあり、かつ、「当該課徴金納付命令の日^(注)
以後において」課徴金対象行為をしていた者である。

　このような限定を付している趣旨は、ある事業者が同時期に並行
して a と b という 2 つの違反行為を行っていた場合において、違
反行為 b に先行して違反行為 a（違反行為 b についての基準日から遡
り 10 年以内において最初に受けた課徴金納付命令に係る違反行為）に
つき課徴金納付命令を受けたときを想定すれば明らかとなる。

　すなわち、違反行為 a について事業者が課徴金納付命令を受けた
ときに、当該課徴金納付命令よりも前に違反行為 b を取りやめて
いるのであれば、実質的に当該事業者が繰り返し違反行為を行った
と評価することはできない。繰り返し違反行為を行ったと評価され
るのは、過去に内閣総理大臣（消費者庁長官）から、違反行為をし
ていたとして行政処分（課徴金納付命令）を受けたにも関わらず、
再度別の違反行為をしている場合であるから、違反行為 b がこの
ような場合に当たらないときには、当該違反行為 b を繰り返し違
反の対象から除く（第 5 項の適用対象から除く）ということである。
その帰結として、違反行為 b に係る課徴金納付命令においては、
原則どおりの 3 ％ の課徴金算定率が適用される。

　（注）「課徴金納付命令の日」とは、課徴金納付命令の効力が生じた日のこ
　　　とである（第 17 条第 2 項参照）。

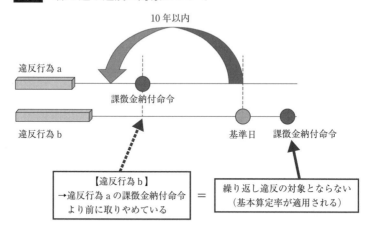

図1　繰り返し違反の対象について

4　「同項中『100分の3』とあるのは、『100分の4.5』と……する」（割増算定率）

　課徴金制度は、違反行為の抑止策として導入されたものである。違反行為を繰り返す事業者は、以前課徴金納付命令を受けたにもかかわらず再度課徴金対象行為を行ったということであり、既に受けた命令では当該違反行為者にとって抑止が不十分であると推認できることから、より強い抑止が必要と考えられるため、課徴金に係る算定率を割増することとされたものである。

　そして、割増算定率の割増しの水準は、他法令（独占禁止法など）における繰り返し違反に対する課徴金の割増算定率の水準等を参考としつつ、1.5倍とされた。

第9条（課徴金対象行為に該当する事実の報告による課徴金の額の減額）

第九条　前条第一項（同条第五項の規定により読み替えて適用する場合を含む。以下この節において同じ。）の場合において、内閣総理大臣は、当該事業者が課徴金対象行為に該当する事実を内閣府令で定めるところにより内閣総理大臣に報告したときは、同条第一項の規定により計算した課徴金の額に百分の五十を乗じて得た額を当該課徴金の額から減額するものとする。ただし、その報告が、当該課徴金対象行為についての調査があつたことにより当該課徴金対象行為について課徴金納付命令があるべきことを予知してされたものであるときは、この限りでない。

解　説

1　改正の趣旨

　新法第8条第5項の新設に伴い、同条第1項が同条第5項の規定により読み替えて適用される場合が生じたことから、その場合を含むことを明記するものである。

第 10 条（返金措置の実施による課徴金の額の減額等）
第 1 項

第十条　第十五条第一項の規定による通知を受けた者は、第八条第二項
に規定する課徴金対象期間において当該商品又は役務の取引を行つた
一般消費者であつて政令で定めるところにより特定されているものか
らの申出があつた場合に、当該申出をした一般消費者の取引に係る商
品又は役務の政令で定める方法により算定した購入額に百分の三を乗
じて得た額以上の金銭（資金決済に関する法律（平成二十一年法律第
五十九号）第三条第七項に規定する第三者型発行者が発行する同条第
一項第一号の前払式支払手段その他内閣府令で定めるものであつて、
金銭と同様に通常使用することができるものとして内閣府令で定める
基準に適合するもの（以下この項において「金銭以外の支払手段」と
いう。）を含む。以下この条及び次条第二項において同じ。）を交付す
る措置（金銭以外の支払手段を交付する措置にあつては、当該金銭以
外の支払手段の交付を承諾した者に対し行うものに限る。以下この条
及び次条において「返金措置」という。）を実施しようとするときは、
内閣府令で定めるところにより、その実施しようとする返金措置（以
下この条において「実施予定返金措置」という。）に関する計画（以
下この条において「実施予定返金措置計画」という。）を作成し、こ
れを第十五条第一項に規定する弁明書の提出期限までに内閣総理大臣
に提出して、その認定を受けることができる。

解　説

1　改正の趣旨等
(1)　現行法の概要

　景品表示法の課徴金制度には、自主返金制度が設けられている。
具体的には、現行法では、事業者は、課徴金対象期間において商品
又は役務の取引を行った一般消費者（不当景品類及び不当表示防止法
施行令（平成 21 年政令第 218 号）第 3 条で定めるところにより特定され

ているもの（以下「特定消費者」という。）。）のうち、申出をした者に
対し、当該一般消費者の購入額（同施行令第 4 条で定める方法により
算定）の 3 % 以上の額の金銭を交付する措置（以下「返金措置」と
いう。）を実施しようとするときは、その返金措置に関する計画を
作成し、内閣総理大臣（消費者庁長官）の認定を受けることができ
る（現行法第 10 条第 1 項）。

　この認定を受けた事業者が、当該計画に基づき返金措置を実施し
てこれを不当景品類及び不当表示防止法施行規則（平成 28 年内閣府
令第 6 号）第 15 条に定める方式で報告し（第 11 条第 1 項）、当該計
画に適合して返金措置が実施されたと認められるときは、当該返金
措置により交付された金銭の額（同施行規則第 16 条で定めるところ
により計算）が、課徴金額から減額される（第 11 条第 2 項）。

　これらの条文からも明らかなとおり、現行法上、事業者が実施す
る返金措置として認められている支払手段は、あくまで「金銭」の
交付のみである。

(2) 改正の趣旨

　課徴金制度が導入された平成 28 年 4 月以降、課徴金納付命令の
件数は令和 2 年度までに 72 件である一方、これまで返金措置に関
する計画の認定を受け、返金措置を実施した事業者数は 4 件にとど
まる。このように、自主返金制度は導入当初、課徴金制度における
被害回復に係る制度として設計されたものの、事業者の利用を促進
できていない状況にある。

　その理由の 1 つとして、デジタル化の進展や消費者の生活様式が
変化していく中において、上記のとおり返金措置として法律上認め
られている手段が金銭の交付（例えば、現金の手交、現金書留、銀行
振込）に限定されていることから、柔軟かつ簡便な金銭以外の支払
手段が利用できず事業者側の制度利用のインセンティブを阻害して

いることが考えられる。

　そこで、返金措置として、金銭の交付のみならず、一般消費者の間で広く普及しており、現金とほぼ同等の社会的通用性を有する一定の金銭以外の支払手段も許容し、事業者による制度利用のインセンティブを高めることが考えられる。本制度の利用の促進は、最終的に消費者の被害回復につながるものである。ただし、自主返金制度において、上記のとおり、事業者が特定された一般消費者に返金するものは、購入額に3％を乗じて得た額以上の金銭であって、個々の消費者の実際の被害額とは限らない（もとより景品表示法上、個々の消費者の実際の被害額を算定するための手続はない。）。返金措置とは、法制的には、あくまでも違反行為の抑止を目的とした行政上の措置である課徴金制度を前提とした、被害回復的な措置である。

2　「金銭（資金決済に関する法律（平成21年法律第59号）第3条第7項に規定する第三者型発行者が発行する同条第1項第1号の前払式支払手段その他内閣府令で定めるものであつて、金銭と同様に通常使用することができるものとして内閣府令で定める基準に適合するもの（以下この項において『金銭以外の支払手段』という。）を含む。以下この条及び次条第2項において同じ。）」

　現行法では、返金措置について「金銭を交付する措置」（現行法第10条第1項）と規定しており、金銭の交付のみを手段としているが、本改正法では、金銭以外の支払手段も許容し、事業者側の制度利用のインセンティブの向上と消費者の被害回復を担保する観点を踏まえた柔軟かつ簡便な被害回復方法を許容する。

　「金銭以外の支払手段」は、消費者の被害回復を担保する観点から、金銭代替性及び法律による規制の有無を考慮し、「資金決済に関する法律（平成21年法律第59号）第3条第7項に規定する第三

者型発行者が発行する同条第 1 項第 1 号の前払式支払手段その他内閣府令で定めるものであつて、金銭と同様に通常使用することができるものとして内閣府令で定める基準に適合するもの」としている。なお、「その他内閣府令で定めるもの」とは、ポイントサービス等、社会経済情勢の変化に伴い金銭代替性が認められるものも変化し得ることを踏まえ、金額表示の前払式支払手段（新法第 10 条第 1 項第 1 号）以外の方法についても、今後柔軟に内閣府令において追加できることとする趣旨である^{（注1）}。

　ここで、「金銭と同様に通常使用することができるもの（として内閣府令で定める基準に適合するもの）」に限ることとしているのは、例えば前払式支払手段であれば、

- 　当該支払手段が地域、店舗、サービス、時期等、様々な要素で利用できる場面が限定されている可能性があること
- 　不当な表示の禁止（第 5 条）に違反する行為の対象となる一般消費者も、全国に居住する消費者となるケースのほか、一定のエリアに居住する消費者に限られるケースもあり、事案によって異なり得ること

を踏まえたことによるものであるが、具体的な基準については別途内閣府令で定めることとしている^{（注2）}。

　「金銭以外の支払手段」の具体例としては、例えば、金額表示の前払式支払手段（第三者型）^{（注3）}（資金決済に関する法律第 3 条第 1 項第 1 号・第 5 項）の電子マネー等が想定されている。

（注1）　いわゆる景品やおまけとして発行されるポイントサービスについては、現在のところ（金融分野における）制度整備の対象外として将来の課題とされており（2019 年 7 月 26 日金融審議会金融制度スタディ・グループ「『決済』法制及び金融サービス仲介法制に係る制度整備についての報告」）、消費者の被害回復を担保する観点から、法律による規制の有無を考慮し、今回の改正では時期尚早として対象に含めていない。なお、これら

についても返金措置として許容するものは、特定消費者にとって「金銭と同様に通常使用することができるもの」に限られる。

（注2）　具体的には、例えば、特定消費者にとって対象となる前払式支払手段がその利用範囲、利用期間等を勘案し通常の生活圏において一般的に利用できるものかどうか、といった基準が想定されるが、金額表示の前払式支払手段（第三者型）の代表的なものとして挙げられる楽天 Edy、Suica、Pasmo、nanaco 等はこれらの基準を通常満たすものと考えられる。

（注3）　前払式支払手段（第三者型）、すなわち、第三者型前払式支払手段とは、自家型前払式支払手段以外の前払式支払手段をいう（資金決済に関する法律第3条第5項）。前払式支払手段を発行する発行者以外の加盟店から物品の購入若しくは借受けを行い、又は役務の提供を受ける場合に、これらの代価の弁済のために使用することができる前払式支払手段や、加盟店に対して物品の供給又は役務の提供を請求することができる前払式支払手段がこれに該当する（堀天子『実務解説 資金決済法〔第5版〕』（商事法務、2022年）24頁）。

3 「金銭……を交付する措置（金銭以外の支払手段を交付する措置にあつては、当該金銭以外の支払手段の交付を承諾した者に対し行うものに限る。以下この条及び次条において『返金措置』という。）」

上記のとおり、現行法においては返金措置における支払手段は金銭とされているところ、本改正法は金銭以外の支払手段を許容するものである。もっとも、金銭以外の支払手段は事業者の便宜となる一方で、消費者の中には、引き続き金銭の交付を望む者が一定程度いるものと考えられるため、かかる消費者の意思を尊重する必要がある。

そこで、金銭を交付する措置について、金銭以外の支払手段を交付する場合は、当該金銭以外の支払手段の交付を承諾した者に対し行うものに限る旨の限定を付している。かかる承諾をしない消費者

については、原則どおり、返金措置における支払手段は、金銭のみ
となる。

第11条
第2項

> 2 内閣総理大臣は、第八条第一項の場合において、前項の規定による報告に基づき、前条第一項の認定後に実施された返金措置が認定実施予定返金措置計画に適合して実施されたと認めるときは、当該返金措置（当該認定実施予定返金措置計画に同条第三項に規定する事項が記載されている場合又は同条第四項の規定による報告がされている場合にあつては、当該記載又は報告に係る返金措置を含む。）において交付された金銭の額として内閣府令で定めるところにより計算した額を第八条第一項若しくは第四項又は第九条の規定により計算した課徴金の額から減額するものとする。この場合において、当該内閣府令で定めるところにより計算した額を当該課徴金の額から減額した額が零を下回るときは、当該額は、零とする。

解　説

1 改正の趣旨

課徴金の額を計算する規定として新法第8条第4項（売上額の推計規定）を追加するものである。

第12条（課徴金の納付義務等）
第1項・第2項

> 第十二条　課徴金納付命令を受けた者は、第八条第一項若しくは第四項、第九条又は前条第二項の規定により計算した課徴金を納付しなければならない。
>
> 2　第八条第一項若しくは第四項、第九条又は前条第二項の規定により計算した課徴金の額に一万円未満の端数があるときは、その端数は、切り捨てる。

解　説

1　改正の趣旨

　第1項及び第2項において、課徴金の額を計算する規定として新法第8条第4項（売上額の推計規定）を追加するものである。

第6項

> 6　第三項及び第四項の場合において、第八条第二項から第六項まで及び第九条から前条までの規定の適用に関し必要な事項は、政令で定める。

解　説

1　改正の趣旨

　本項において、第12条第3項及び新法第12条第4項の場合における規定の適用に関し必要な事項を政令で定める条項に新法第8条第4項ないし同条第6項を追加するものである。

第15条（弁明の機会の付与の通知の方式）
第2項

> 2 内閣総理大臣は、課徴金納付命令の名宛人となるべき者の所在が判明しない場合においては、前項の規定による通知を、その者の氏名（法人にあつては、その名称及び代表者の氏名）、同項第三号に掲げる事項及び内閣総理大臣が同項各号に掲げる事項を記載した書面をいつでもその者に交付する旨（以下この項において「公示事項」という。）を内閣府令で定める方法により不特定多数の者が閲覧することができる状態に置くとともに、公示事項が記載された書面を消費者庁の掲示場に掲示し、又は公示事項を消費者庁の事務所に設置した電子計算機の映像面に表示したものを閲覧することができる状態に置く措置をとることによつて行うことができる。この場合においては、当該措置をとつた日から二週間を経過したときに、当該通知がその者に到達したものとみなす。

解 説

1 改正の趣旨

　今日、情報通信技術の進展とインターネットの普及により、行政分野においてもインターネットを利用した情報の公開や伝達が簡便に行われるようになっている。公示送達についても、民事訴訟法等の一部を改正する法律（令和4年法律第48号）により、民事訴訟法第111条の規定が改正され、民事訴訟手続における公示送達に関し、インターネットを用いた方法が導入されることとなった。

　この点、現行法では、本項の規定に基づく公示送達に準じた弁明の機会の付与の通知においては、当該通知を受けるべき者は、消費者庁の掲示場に赴かなければ、当該通知について覚知することができなかった。そこで、当事者の利便を向上し、景品表示法上の弁明の機会の付与の制度を合理化する観点から、本改正法により、（民

事訴訟手続における公示送達と同様に）インターネットを用いた方法を導入することとされたものである（書面掲示規制の電子化）。

2　「……公示事項……を内閣府令で定める方法により不特定多数の者が閲覧することができる状態に置くとともに」

　名宛人となるべき者の所在が判明しない場合の弁明機会の付与の通知については、①内閣府令で定める方法により、不特定多数の者が公示すべき事項を閲覧することができる状態に置く措置をとることにより行うこととする[注]。

> [注]　①の措置の具体的な方法としては内閣府令に委任することとしているところ、消費者庁のウェブサイトに公示すべき事項を掲載し、不特定多数の者がインターネットを通じてこれを閲覧することができる状態に置くことがその内容として想定されている。

3　「公示事項が記載された書面を消費者庁の掲示場に掲示し、又は公示事項を消費者庁の事務所に設置した電子計算機の映像面に表示したものを閲覧することができる状態に置く措置をとる」

　一方で、上記①の方法のみによった場合には、インターネットの利用に通じない者やインターネットを利用することのできる環境にない者は、弁明の機会の付与の通知を確認することができなくなる。このような者の当該通知を受ける機会に配慮する観点から、新法では当該通知を行う場合には、上記①の措置と併せて、②公示すべき事項を記載した書面を消費者庁の掲示場に掲示し、又は当該事項を消費者庁の事務所に設置した電子計算機を利用して閲覧することができる状態に置く措置をとるべきこととされた。

第5節　報告の徴収及び立入検査等

第25条
第1項

<u>第二十五条</u>　内閣総理大臣は、<u>この法律を施行するため必要があると認</u>めるときは、当該事業者若しくはその者とその事業に関して関係のある事業者に対し、その業務若しくは財産に関して報告をさせ、若しくは帳簿書類その他の物件の提出を命じ、又はその職員に、当該事業者若しくはその者とその事業に関して関係のある事業者の事務所、事業所その他その事業を行う場所に立ち入り、帳簿書類その他の物件を検査させ、若しくは関係者に質問させることができる。

解　説

1　改正の趣旨

本項は、報告の徴収及び立入検査等について規定するものである。

2　「この法律を施行するため必要があると認めるとき」

現行法第29条第1項は「第7条第1項の規定による命令、課徴金納付命令又は前条第1項の規定による勧告を行うため必要があると認めるとき」は、内閣総理大臣（消費者庁長官）が報告の徴収及び立入検査等を行うことができると規定していた。すなわち、報告の徴収及び立入検査等を行うことができるときとは、

① 措置命令（第7条第1項）を行うため必要があると認めるとき

② 課徴金納付命令（第8条第1項）を行うため必要があると認めるとき

③ 事業者が講ずべき景品類の提供及び表示の管理上の措置につ

　いての勧告（現行法第28条第1項）を行うため必要があると認
　めるとき

を指していた。

　もっとも、本改正法により、

④　新法で第6節に規定する是正措置計画又は影響是正措置計画
　（後記「第26条ないし第33条の概要」参照）の認定をした後に行
　う必要があると認めるとき

を追加する必要がある。しかし、現行法を前提に上記④を追加して
規定することは、条文がいたずらに長くなることになり、また、結
局のところ、上記①から③までは、いずれも景品表示法に規定され
ている措置であり、措置ごとに調査権限の発動要件を書き分ける実
益もないことから、本項において「この法律を施行するため必要が
あると認めるとき」と規定することとされた。したがって、本改正
法による本項の改正によって、上記①から③までの措置に係る調査
権限の発動要件に実質的な変更はない。もとより、一般論としても
各法律に規定されている調査権限は、当該法律の目的達成のために
認められているものであることから、当該法律の目的以外の目的で
調査権限が発動されることは、あり得ない。

　また、上記④でいう「必要があると認めるとき」とは、例えば是
正措置計画や影響是正措置計画の認定の取消事由が存在するか否か
を判断する必要があるときをいう。すなわち、認定後において、内
閣総理大臣（消費者庁長官）による認定の取消義務が規定されてい
るところ（新法第29条及び第33条）、取消事由が存在するか否かを
判断するために確かめる必要がある場合が、まさに「必要があると
認めるとき」を基礎付ける事情に該当するということである。具体
的には、認定した計画に従って措置が実施されていない疑いがある
場合等が想定される。

　なお、是正措置計画又は影響是正措置計画の認定により、当該認

定に係る疑いの理由となった行為について措置命令及び課徴金納付命令を行わないとの効果が発生する以上（新法第 28 条及び新法第 32 条）、これらの命令を行うため必要があるとは認められないことから、上記①及び②の調査権限の発動要件が認められるものではない。

第6節　是正措置計画の認定等

第26条ないし第33条の概要

⑴　現行の景品表示法上の整理

　現行法上、不当な表示の禁止（第5条）に違反する行為等が行われている疑いがある場合（以下当該疑いの理由となった行為を「違反被疑行為」という。）、内閣総理大臣（消費者庁長官）は調査を開始する。調査の結果、違反行為が認められた場合は、当該違反行為をした事業者に対し措置命令を行うことができ（第7条第1項）、違反の事実が認められない場合であっても、違反のおそれのある行為が見られた場合は、事実上の措置である行政指導（行政手続法第2条第6号）を行うことができる。また、事業者が不当な表示の禁止に違反する行為をした場合、第5条第3号に係るものを除き、内閣総理大臣（消費者庁長官）は、その他の要件を満たす限り、当該事業者に対し、課徴金納付命令を行う（第8条第1項）（**資料2-8**参照）。

　このように、現行法においては、違反被疑行為があった場合、内閣総理大臣（消費者庁長官）には、所要の調査により違反行為を認定した上で、法律上の不利益処分である措置命令をするか、違反のおそれがあるなどとして事実上の措置である行政指導をするかの二者択一の選択肢しかない。また、措置命令の発動については内閣総理大臣（消費者庁長官）に裁量権が認められる（第7条第1項柱書）としても、第5条第3号に係るものを除く不当表示を認定した場合には、課徴金の納付を義務的に命じなければならず（第8条第1項柱書）、景品表示法の執行に関しこれら以外の法制的な選択肢は存在しない。

　一方、違反被疑行為を行っているとして調査を受けた事業者の中には、違反被疑行為の早期是正や再発防止に向けた社内体制の整備

等の措置等を自主的かつ積極的に講ずる事業者も存在する。しかしながら、そのような事情を法律上加味する制度は存在しない。

　そして、措置命令等を発出する際には、法律に規定された要件に該当する事実を証拠に基づき認定する必要があることから、一般に相当程度の時間を要することとなる（資料2-10参照）。しかしながら、違反被疑行為があった場合であっても、違反被疑行為の早期是正、再発防止策の実施、一般消費者の誤認排除、被害回復等を自主的かつ積極的に行おうとする事業者もあるところ、当該事業者に対しては、比例原則の観点からも、行政資源を割く必要性は低いといえる。もっとも、そのような場合において、事業者の自主的な取組を前提に法的効果を伴わない事実上の措置である行政指導を行うのみでは、行政運営の透明性の確保、違反被疑行為の是正等の実効性の確保が必ずしも担保されず、また、事業者においては処分を受けないという法的な地位を確保できないことから、自主的な取組のインセンティブを十分に確保できない。

　そこで、調査対象となった事業者が自主的に「一定の措置」を講ずれば違反行為を認定せず、不利益処分である措置命令及び課徴金納付命令をともに課されない制度（以下「是正措置計画の認定の手続」又は「影響是正措置計画の認定の手続」といい、総称して「確約手続」という。）が導入することとされた。このような制度が導入されることにより、

- 　一般消費者にとっては、迅速かつ確実に違反被疑行為が是正され、自主的かつ合理的な商品選択をより迅速かつ確実に確保することができる

- 　事業者にとっては、自主的に十分かつ確実な措置をとることで、違反行為は認定されず、不利益処分は課されないこととなるばかりか、調査に対応する負担も軽減される（また、現行実務上、同一の違反行為に対する措置命令と課徴金納付命令の間には、

　一定の時間的間隔が生じる場合が多いが、これによる、あたかも 2
　度の違反行為をしたかのような外見を払拭することができる。)
・　内閣総理大臣(消費者庁長官)にとっては、行政運営の透明
　性が確保されるとともに、事案に応じたメリハリのあるリソー
　スの配分が可能となり、総体的に違反行為の抑止力を強化する
　ことができる
といった効果が見込まれる。

(2)　確約手続の概要

　確約手続は、大きく①内閣総理大臣(消費者庁長官)からの事業
者への通知、②事業者からの計画の申請、③内閣総理大臣(消費者
庁長官)による計画の認定等のプロセスからなる。

ア　通知(新法第 26 条及び第 30 条)

　内閣総理大臣(消費者庁長官)は、違反被疑行為に係る調査を開
始して以降、景品表示法に違反する行為があると疑うに足りる事実
がある場合に、違反被疑行為について、一般消費者による自主的か
つ合理的な商品及び役務の選択を確保する上で必要があると認める
ときは、当該違反被疑行為をしている者に対し、通常の調査手続か
ら確約手続に移行するために当該違反被疑行為の概要及び違反する
疑いのある法令の条項を書面により通知することができる(新法第
26 条)。また、当該違反被疑行為が既になくなっている場合におい
ても、同様に、内閣総理大臣(消費者庁長官)は、当該違反被疑行
為をした者等に対し、当該違反被疑行為の概要及び違反する疑いの
あった法令の条項を書面により通知することができる(新法第 30
条)。

イ　申請(新法第 27 条第 1 項及び第 2 項並びに新法第 31 条第 1 項及
び第 2 項)

　前記(1)の通知を受けた者は、是正措置(新法第 27 条第 1 項)、又

は影響是正措置（新法第31条第1項）（「確約措置」と総称する。）を
自ら策定し、実施しようとするときは、その実施しようとする是正
措置計画（新法第27条第1項）又は影響是正措置計画（新法第31条
第1項）（「確約計画」と総称する。）を作成し、これを、当該通知を
受けた日から60日以内に内閣総理大臣（消費者庁長官）に提出して、
その認定を申請することができる。

ウ　認定、却下及び変更（新法第27条第3項ないし第9項及び新法第31条第3項ないし第8項）

内閣総理大臣（消費者庁長官）は、前記イの申請があった場合に
おいて、当該確約計画が、違反被疑行為及びその影響を是正する又
は違反被疑行為による影響を是正するために十分なものであり、か
つ、確実に実施されると見込まれるものであると認めるときは、そ
の認定をする（新法第27条第3項ないし第5項、新法第31条第3項及
び第4項）。なお、事業者が申請前から実施している措置があり、
申請において当該措置についての記載があった場合には、内閣総理
大臣（消費者庁長官）は当該措置の内容も含めて判断していくこと
となる。

また、内閣総理大臣（消費者庁長官）は、当該確約計画が前記の
要件のいずれかに適合しないと認めるときは、これを却下しなけれ
ばならない（新法第27条第6項、新法第31条第5項）。

なお、認定を受けた者は、当該認定に係る確約計画を変更しよう
とするときは、内閣総理大臣（消費者庁長官）の認定を受けなけれ
ばならない（新法第27条第8項及び第9項、新法第31条第7項及び第
8項）。

エ　認定の効果（新法第28条及び新法第32条）

前記ウの認定をした場合において、当該違反被疑行為については、
措置命令及び課徴金納付命令を行わない。

オ　認定の取消し（新法第 29 条第 1 項及び新法第 33 条第 1 項）

　内閣総理大臣（消費者庁長官）は、確約計画に従って確約措置が実施されていないと認めるとき又は認定を受けた者が虚偽若しくは不正の事実に基づいて当該認定を受けたことが判明したときは、当該認定を取り消さなければならない。

カ　運用基準の策定について

　なお、確約手続については、その対象となる事案等その運用の考え方を明らかにするために、運用基準を策定することとされている。

　その他、確約手続の概要については、 資料 2-6 も参照されたい。

第**26**条（継続中の違反被疑行為に係る通知）

第二十六条　内閣総理大臣は、第四条の規定による制限若しくは禁止又は第五条の規定に違反する行為があると疑うに足りる事実がある場合において、その疑いの理由となつた行為について、一般消費者による自主的かつ合理的な商品及び役務の選択を確保する上で必要があると認めるときは、当該疑いの理由となつた行為をしている者に対し、次に掲げる事項を書面により通知することができる。ただし、措置命令に係る行政手続法第三十条の規定による通知又は第十五条第一項の規定による通知をした後は、この限りでない。

一　当該疑いの理由となつた行為の概要

二　違反する疑いのある法令の条項

三　次条第一項の規定による認定の申請をすることができる旨

解　説

1　改正の趣旨

　内閣総理大臣（消費者庁長官）が行っている違反被疑行為の調査について、通常の調査手続から是正措置計画の認定の手続に移行するために、内閣総理大臣（消費者庁長官）が是正措置計画の認定の手続に係る通知を行うことができる旨を規定するものである。

2　是正措置計画の認定の手続の対象行為類型

　是正措置計画の認定の手続の対象となる違反被疑行為の行為類型は、措置命令（第7条第1項）の対象となる全ての違反行為類型である。具体的には、景品類の制限又は禁止（第4条により内閣総理大臣が定める景品類の制限又は禁止。具体的には各景品規制告示）に違反する行為及び不当な表示の禁止（第5条）に違反する行為である。不当な表示の禁止に違反する行為は、優良誤認表示（同条第1号）、有利誤認表示（同条第2号）及び指定告示（同条第3号）のいずれも

含まれる。

3　「違反する行為があると疑うに足りる事実がある場合」

「違反する行為があると疑うに足りる事実がある場合」とは、内閣総理大臣（消費者庁長官）による調査の対象となっている行為について、景品表示法に違反する行為があるとの疑いの理由となった事実があるものの、いまだその違反が認定されるまでに至っていない段階にある場合である。

したがって、是正措置計画の認定の手続に移行することが可能となる期間は、いまだ内閣総理大臣（消費者庁長官）が違反行為を認定するまでに至っていない段階にある場合、すなわち、内閣総理大臣（消費者庁長官）が調査を開始して以降、第7条第1項及び第8条第1項に規定する「違反する行為」が認定されるまでの間となる（ただし、措置命令に係る行政手続法第30条の規定による通知又は課徴金納付命令に係る第15条第1項の規定による通知（弁明の機会の付与の通知）をした後に是正措置計画の認定の手続に係る通知を行えないことについては、後記7参照）。

4　「一般消費者による自主的かつ合理的な商品及び役務の選択を確保する上で必要があると認めるとき」

確約手続も、景品表示法の目的を達成するための措置であることから、内閣総理大臣（消費者庁長官）が是正措置計画の認定の手続の対象とすることが適当か否かの事案選択を行うに際しては、同法の目的に資する必要があるため、通知の要件を定めるものである。

新法第26条柱書において規定する要件である、「一般消費者による自主的かつ合理的な商品及び役務の選択を確保する上で必要があると認めるとき」については、是正措置計画の認定の手続の趣旨が、違反被疑行為を事業者が早期に是正することで、一般消費者の自主

的かつ合理的な選択を迅速に確保し、内閣総理大臣（消費者庁長官）と事業者が協調的に問題解決を行う領域を拡大することにあるから、個別具体的な事案に応じて、①違反被疑行為及びその影響を迅速に是正する必要性、あるいは、②事業者の提案に基づいた方がより実態に即した効果的な措置となる可能性などの観点から判断されることとなる^(注)。

> （注） この点、悪質重大な事案、具体的には事業者が繰り返し違反行為を行っている事案や直罰（新法第48条）に相当し得る事案については、確約手続による早期是正は期待できないため、確約手続の対象となるものではなく、これについては運用基準で明らかにすることとされている。

5 「当該疑いの理由となつた行為をしている者に対し」

　確約手続も調査手続の1つであり、是正措置計画の認定の手続においては、事業者において違反被疑行為を是正するために必要な措置を検討することとなるため、調査対象である違反被疑行為を行っている者が是正措置計画の認定の手続に係る通知の名宛人となる。

6 「次に掲げる事項を書面により通知することができる」

　確約手続は、事業者の自主的な取組を促す制度ではあるものの、公益を確保するためになされる行政処分である措置命令の代替的な措置となり得るものであり、確約手続の開始は、行政庁が主導権を握るべきものである。このため、違反被疑行為を行っている者が、内閣総理大臣（消費者庁長官）が認定できるような是正措置計画の提出を行い得るためには、内閣総理大臣（消費者庁長官）がまず違反被疑行為を行っている者に対し通知をすることとされた。

　そして、是正措置計画の認定の手続においては、違反被疑行為を行っている者の側から、是正措置計画を自主的に提出することができる仕組みとしているところ、違反被疑行為を行っている者が、違

反被疑行為の概要及び違反する疑いのある法令の条項について、あらかじめ把握しておくことが必要である。また、新法第26条の規定による通知を受けた者に対して、当該通知を受けた者が是正措置計画の認定の手続に基づき是正措置計画を自主的に提出することができる旨を明示的に伝達することが適切である。

　そのため、内閣総理大臣（消費者庁長官）が是正措置計画の認定の手続の対象として適当と判断した事案については、違反被疑行為を行っている者に対し、①当該疑いの理由となった行為の概要、②違反する疑いのある法令の条項、及び③新法第27条第1項の規定による認定の申請をすることができる旨を通知することとする(注)。

　（注）　確約手続は、法制上は、内閣総理大臣（消費者庁長官）が通知を行い、事業者から申請された是正措置計画等を内閣総理大臣（消費者庁長官）が認定する仕組みではあるが、当該手続を迅速かつ実効的に運用するためには、景品表示法違反の疑いについて、内閣総理大臣（消費者庁長官）と事業者との間の事実上の合意により解決を図ることが適切である。このため、内閣総理大臣（消費者庁長官）と事業者との間で意思疎通を密に行うことが肝要であると考えられる。そこで、運用基準においては、事業者は、新法第26条及び新法第30条の規定による確約手続に係る通知の前後にかかわらず、内閣総理大臣（消費者庁長官）に対し、この手続の利用に係る相談を行うことが可能である旨を明らかにする予定である。より具体的には、確約手続に係る通知の前であれば、調査を受けている行為について、①確約手続の対象となるかどうかの確認を行ったり、②確約手続に付すことを希望する旨の申出を行ったりすることができることを明らかにする予定である。
　　また、確約手続に係る通知の後は、①内閣総理大臣（消費者庁長官）が必要であると認める場合又は②事業者から求められた場合に、その時点における確約計画の認定に関する論点等を説明する旨についても運用基準で明らかにする予定である。さらに、内閣総理大臣（消費者庁長官）から確約計画の申請を行った事業者に対して、当該申請の内容について説明を求めることがある旨も併せて運用基準で明らかにする予定である。

7 「ただし、措置命令に係る行政手続法第30条の規定による通知又は第15条第1項の規定による通知をした後は、この限りでない」

新法第26条ただし書は、調査中の事案について、措置命令又は課徴金納付命令をしようとするに至り、措置命令に係る行政手続法第30条の規定による通知又は課徴金納付命令に係る第15条第1項の規定による通知（弁明の機会の付与の通知）をした後は、新法第26条の通知を行い、是正措置計画の認定の手続に移行することはできない旨を規定するものである。是正措置計画の認定の手続は、新法第26条の通知を受けた者が、是正措置計画を内閣総理大臣（消費者庁長官）に対して自主的に提出した上で、当該計画が新法第27条第3項各号に掲げる認定要件に適合すると内閣総理大臣（消費者庁長官）が認める場合に、内閣総理大臣（消費者庁長官）が当該計画に対して認定を行い、当該計画を実施することを前提に、措置命令及び課徴金納付命令を行わない（すなわち、内閣総理大臣（消費者庁長官）は違反行為の認定を行わない。）こととする手続である。

他方、違反行為が認定されるに至った場合には、まさに一般消費者の自主的かつ合理的な選択を阻害するおそれが顕在化したといえる。このため、かかる場合には、従来どおり、措置命令及び課徴金納付命令を行うことが適当であることから、措置命令に係る行政手続法第30条の規定による通知又は課徴金納付命令に係る第15条第1項の規定による通知（弁明の機会の付与の通知）をした後は、是正措置計画の認定の手続に移行することができないこととしている。

第27条（是正措置計画に係る認定の申請等）
第1項

第二十七条　前条の規定による通知を受けた者は、疑いの理由となつた行為及びその影響を是正するために必要な措置を自ら策定し、実施しようとするときは、内閣府令で定めるところにより、その実施しようとする措置（以下この条及び第二十九条第一項第一号において「是正措置」という。）に関する計画（以下この条及び同号において「是正措置計画」という。）を作成し、これを当該通知を受けた日から六十日以内に内閣総理大臣に提出して、その認定を申請することができる。

解　説

1　改正の趣旨

　本項は、内閣総理大臣（消費者庁長官）から新法第26条の規定による通知を受けた者が、自主的な判断の結果として、是正措置計画（疑いの理由となった行為及びその影響を是正するために必要な措置に関する計画）の認定を受けることを希望する場合には、是正措置計画を作成し、内閣総理大臣（消費者庁長官）の認定を申請することができる旨を規定するものである。

2　「疑いの理由となつた行為及びその影響を是正するために必要な措置」（是正措置）

　これまでに違反行為に対して採られてきた措置命令では、「その行為の差止め若しくはその行為が再び行われることを防止するために必要な事項又はこれらの実施に関連する公示その他必要な事項」（第7条第1項）として、違反行為の差止め、一般消費者への周知徹底（誤認排除措置）、再発防止措置、今後同様の表示を行わないこと等を命じている。

　是正措置計画の認定の手続においては、新法第26条の通知を受けた者が、このような措置命令がなされたとすれば命じられる措置を参考に、自主的に是正措置を策定し、是正措置計画を内閣総理大臣（消費者庁長官）に提出することができることとなる。

3　「行為及びその影響」

　本項は、是正措置の対象について、疑いの理由となった行為そのものだけでなく、当該行為の影響も含むものとしている。これは、違反被疑行為によって生じた影響についても是正する必要があることから、それを明らかにする旨を規定するものである。

4　「当該通知を受けた日から60日以内に内閣総理大臣に提出して、その認定を申請することができる」

　内閣総理大臣（消費者庁長官）から新法第26条の通知があった場合であっても、当該通知に応じて是正措置計画の提出を行うか否かは、当該通知を受けた者が自主的に判断するものである。したがって、その自主性を確保しつつ、違反被疑行為及びその影響を是正する内容の計画の提出を行うことができるようにするため、違反被疑行為を行っている者が内閣総理大臣（消費者庁長官）から新法第26条の通知を受けてから是正措置計画の提出を行うための期間を確保することが適当である。これを踏まえ、是正措置計画を提出するか否か及びどのような内容の是正措置計画を作成するかについて検討する時間を確保するため、当該通知を受けた者は、新法第26条の通知を受けた日から60日以内に、内閣総理大臣（消費者庁長官）に対し、是正措置計画を提出して、その認定を申請することができることとしている。

5 「内閣府令で定めるところにより」

是正措置計画に係る認定の申請の様式等、申請の手続の細則について、内閣府令に規定することを委任するものである[注]。

（注） 具体的には、①確約計画の申請書の様式、②添付書類、③記載事項の変更、④提出方法等について定めることになるものと考えられる。

第2項

> 2 是正措置計画には、次に掲げる事項を記載しなければならない。
> 一 是正措置の内容
> 二 是正措置の実施期限
> 三 その他内閣府令で定める事項

解　説

1 改正の趣旨

本項は、是正措置計画の認定要件（新法第 27 条第 3 項各号に掲げる要件）を満たすか否かを判断するに当たり、最低限必要不可欠となる情報を、当該是正措置計画の必要的記載事項とするものである。

2 是正措置計画の記載事項

本項第 1 号及び第 2 号に掲げる事項が法律上の必要的記載事項であり、同項第 3 号の委任を受けた内閣府令によって、本項第 1 号及び第 2 号に掲げる事項以外の事項も是正措置計画に係る必要的記載事項として定めることが可能である。

これらの事項に係る記載がない、又は記載が不十分である場合は、そもそも是正措置計画の要件（記載事項）を欠くものとして不適法であることから、「第 1 項の規定による認定の申請があつた」（新法第 27 条第 3 項）とは認められない。もっとも、このような場合には、

内閣総理大臣（消費者庁長官）から、記載の追加・訂正等の教示が
事実上行われるものと考えられる。

3　是正措置の内容

「疑いの理由となつた行為及びその影響を是正するために必要な
措置」（新法第27条第1項）として、新法第26条の通知を受けた者
が自ら策定し、実施しようとする是正措置の具体的内容を是正措置
計画の必要的記載事項としている（第1号）。

4　是正措置の実施期限

第1号で記載事項としている具体的な是正措置について、その履
行期限を設定する必要があることから、当該期限についても是正措
置計画の必要的記載事項としている（第2号）。

例えば、是正措置の内容が、違反の疑いの理由となった行為の取
りやめといった措置であれば、それぞれの措置の履行期限として一
定の期限を定めることとなる。また、事案によっては、一定の期間
中に景品表示法遵守についての定期的な研修を実施することを約す
る内容の是正措置も想定されるところであるが、このような場合に
は当該是正措置の実施期間を設定することになる。したがって、
「是正措置の実施期限」（第2号）とは、措置の「実施期限」のみな
らず、その「実施期間」を含む趣旨である。

5　既に実施した措置の取扱い

事業者が、是正措置計画の認定の申請の前に、違反被疑行為の是
正等のために何らかの措置を自主的に実施することも考えられる。
そのような場合、事業者が、是正措置計画において既に実施した措
置の内容を記載すること自体は否定されるものではない。

第3項

> 3 内閣総理大臣は、第一項の規定による認定の申請があつた場合にお
> いて、その是正措置計画が次の各号のいずれにも適合すると認めると
> きは、その認定をするものとする。
> 一 是正措置が疑いの理由となつた行為及びその影響を是正するため
> に十分なものであること。
> 二 是正措置が確実に実施されると見込まれるものであること。

解 説

1 改正の趣旨

　是正措置計画の認定も行政処分である。是正措置計画の認定の手
続において、新法第26条の規定による通知を受けた者から是正措
置計画の提出を受け、申請に基づき、その認定をすることとしてい
る趣旨は、申請者が実施しようとする是正措置について、疑いの理
由となった行為及びその影響を是正するために十分なものであるこ
と等を担保することにある。

　本項は、そのような趣旨の下、認定要件を規定し、当該認定要件
をすべて満たすと認められる場合に限り、是正措置計画の認定を行
うこととするものである。

2 措置内容の十分性

　第1号は、新法第26条の通知を受けた者が自主的に策定した
「疑いの理由となつた行為及びその影響を是正するために必要な措
置」（新法第27条第1項）が、当該通知によって内閣総理大臣（消費
者庁長官）から伝達された違反の疑いを解消するに足りる十分な内
容のものであることを、是正措置計画の認定要件としている（第1
号）。

3　措置実施の確実性

　是正措置の内容が第1号の認定要件を満たす十分な内容のもので
あったとしても、当該是正措置が確実に実施されなければ、一般消
費者による自主的かつ合理的な商品及び役務の選択の確保が実現で
きないこととなる。

　このような事態を避けるため、第2号の認定要件は、是正措置計
画に記載された是正措置の内容とその実施期限又は実施期間を照ら
し合わせた上で、当該実施期限内又は実施期間中に是正措置が確実
に実施されることが可能であることを要件とするものである。

4　是正措置計画の認定に関する公表

　是正措置計画を認定した場合には、具体的にどのような行為が一
般消費者による自主的かつ合理的な商品及び役務の選択に悪影響を
与える可能性があるのかを明らかにするとともに、法運用の透明性
を図る必要性がある。そこで、違反被疑行為や、是正措置計画によ
り行われる措置の概要、事業者名等を公表することが想定されてい
る。

第4項・第5項

4　前項の認定は、文書によつて行わなければならない。
5　第三項の認定は、その名宛人に認定書の謄本を送達することによつ
　て、その効力を生ずる。

解　説

1　改正の趣旨

　第4項及び第5項は、新法第27条第1項の認定を申請した者に
対して送達する是正措置計画の認定書に係る手続及びその効力の発

生について規定するものである。

2　文書によつて

第4項は、是正措置計画の認定は文書（認定書）をもって行うことを要することを定めている。

3　認定書の謄本を送達することによつて

第5項は、是正措置計画の認定が、認定書の謄本の送達によって、その効力を生ずることを定めている。是正措置計画の認定は内閣総理大臣（消費者庁長官）による正式な行政処分であることから、このように規定したものである。

第6項・第7項

> 6　内閣総理大臣は、第一項の規定による認定の申請があつた場合において、その是正措置計画が第三項各号のいずれかに適合しないと認めるときは、これを却下しなければならない。
>
> 7　第四項及び第五項の規定は、前項の規定による処分について準用する。この場合において、第五項中「認定書」とあるのは、「不認定書」と読み替えるものとする。

解　説

1　改正の趣旨

第6項は、新法第27条第1項の認定の申請があった場合に、是正措置計画が同条第3項各号に掲げる認定要件のいずれかに適合しないと認めるときは、却下しなければならない旨を規定するものである。

第7項では、却下に係る手続及びその効力の発生に関して、認定に係る手続及びその効力の発生に関する規定（新法第27条第4項及

び同条第5項）について必要な読み替えを行った上で準用すること
を規定している。

2　認定の申請の却下

　新法第27条第1項により是正措置計画の認定の申請が行われた
場合においても、是正措置計画に記載されている是正措置が、違反
被疑行為及びその影響を是正するために十分なものであること等の
同条第3項各号に掲げる認定要件のいずれかに適合しないと認める
場合には、内閣総理大臣（消費者庁長官）は却下しなければならな
いとしている。

3　却下の手続

　是正措置計画の認定の申請の却下は文書（不認定書）をもって行
い、また、不認定書の謄本が送達されることによって却下の効力が
生ずることとしている（新法第27条第4項及び第5項準用）。

第8項・第9項

> 8　第三項の認定を受けた者は、当該認定に係る是正措置計画を変更し
> ようとするときは、内閣府令で定めるところにより、内閣総理大臣の
> 認定を受けなければならない。
> 9　第三項から第七項までの規定は、前項の変更の認定について準用す
> る。

■解　説

1　改正の趣旨

　新法第27条第3項の認定を受けた者は、新法第29条第1項によ
り認定の取消しの決定がなされない限りは、認定された是正措置計

画を履行しなければならない。しかし、認定を受けた後に生じた事
情により、やむを得ず実施期限までに是正措置を履行することがで
きないなどの場合があり得る。このような場合があり得ることを踏
まえ、第 8 項及び第 9 項は、新法第 27 条第 3 項の認定を受けた者
が是正措置計画の変更の認定を申請する手続について規定するもの
である。

2　変更の認定の申請

　新法第 27 条第 3 項の認定を受けた者が、当該認定に係る是正措
置計画を変更しようとするときは、改めて内閣総理大臣（消費者庁
長官）の認定を受けなければならないこととしている。

3　変更の認定の申請の手続

　第 8 項により是正措置計画に係る変更の認定の申請があった場合
の手続として、新法第 27 条第 3 項ないし第 7 項の規定を準用する
こととしている。具体的には、当初の是正措置計画の認定の申請と
同様に、変更後の是正措置計画に記載されている是正措置が疑いの
理由となった行為及びその影響を是正するために十分なものである
こと等の認定要件に適合すると認められれば（新法第 27 条第 3 項準
用）、内閣総理大臣（消費者庁長官）が認定書により当該計画の変更
の認定を行い（同条第 4 項準用）、変更の認定書の謄本が送達される
ことによって変更の認定の効力を生ずることとなる（同条第 5 項準
用）。変更後の是正措置計画が同条第 3 項各号に掲げる認定要件の
いずれかに適合しないと認められれば、変更の認定の申請が却下さ
れることとなる（同条第 6 項及び第 7 項準用）。

第 28 条（是正措置計画に係る認定の効果）

第二十八条　第七条第一項及び第八条第一項の規定は、内閣総理大臣が
　前条第三項の認定（同条第八項の変更の認定を含む。次条において同
　じ。）をした場合における当該認定に係る疑いの理由となつた行為に
　ついては、適用しない。ただし、次条第一項の規定による当該認定の
　取消しがあつた場合は、この限りでない。

解　説

1　改正の趣旨

　本条は、内閣総理大臣（消費者庁長官）が新法第 27 条第 3 項の認
定をした場合は、新法第 29 条第 1 項により当該認定が取り消され
ない限りは、当該認定に係る違反被疑行為について措置命令及び課
徴金納付命令を行わないことを規定するものである。

2　「当該認定に係る疑いの理由となつた行為」

　是正措置計画に記載されている是正措置が疑いの理由となった行
為及びその影響が是正されたことを確保するために十分なものであ
り（新法第 27 条第 3 項第 1 号）、当該是正措置が確実に実施されると
見込まれる（同項第 2 号）と認められ、当該是正措置計画が同項の
認定を受けた後、当該是正措置計画に従って是正措置が実施されれ
ば、疑いの理由となった行為及びその影響は是正されるため、措置
命令及び課徴金納付命令を行う対象はなくなると考えられる。

　他方で、是正措置が実施される以前の当該認定に係る疑いの理由
となった行為については、是正措置の実施後に当該行為及びその影
響がなくなった後も、既往の違反行為として措置命令及び課徴金納
付命令が行われ得る（課徴金納付命令は、第 12 条第 7 項の除斥期間が
経過するまで）ことから、新法第 27 条第 3 項の認定の効果として、

当該認定に係る疑いの理由となった行為について措置命令及び課徴金納付命令を行わない旨を明確に規定するものである[注]。このように、事業者が当該認定を受けた場合には、措置命令及び課徴金納付命令を受けることはないという法的な地位が付与されることを明確に規定することで、事業者の確約手続活用のインセンティブが確保されることとなる。

[注]　なお、独占禁止法における確約手続に関しては、「疑いの理由となつた行為『及び排除措置に係る行為』について」排除措置命令及び課徴金納付命令が行われない旨の規定がなされている（独占禁止法第 48 条の 4）。これは、「例えば、確約措置の内容として、違反の疑いのある契約の内容を変更するといった措置を採る場合には、……認定を受けた確約計画に従って確約措置を実施すれば、当初の疑いの理由となった行為は排除されると考えられるが、当該変更された後の契約に基づく行為（認定を受けた確約措置に係る行為）についても、……認定の効果として排除措置命令及び課徴金納付命令が行われないことが明確であることが法的安定性の見地から望ましいため、……確約措置に係る行為についても排除措置命令及び課徴金納付命令を行わない旨を確認的に規定するものである。」と説明されている（小室尚彦＝中里浩編著『逐条解説　平成 28 年改正独占禁止法』（商事法務、2019 年）45 頁）。この点、景品表示法において認定を受けた是正措置に係る行為については、当該行為が措置命令や課徴金納付命令の対象となるような違反行為を構成することはおよそ考え難いことから、認定の効果として、本条では端的に、「疑いの理由となつた行為」について措置命令及び課徴金納付命令が行われない旨を規定している。

第29条（是正措置計画に係る認定の取消し等）
第1項・第2項

> 第二十九条　内閣総理大臣は、次の各号のいずれかに該当するときは、第二十七条第三項の認定を取り消さなければならない。
> 一　第二十七条第三項の認定を受けた是正措置計画に従つて是正措置が実施されていないと認めるとき。
> 二　第二十七条第三項の認定を受けた者が虚偽又は不正の事実に基づいて当該認定を受けたことが判明したとき。
> 2　第二十七条第四項及び第五項の規定は、前項の規定による同条第三項の認定の取消しについて準用する。この場合において、同条第五項中「認定書」とあるのは、「取消書」と読み替えるものとする。

解　説

1　改正の趣旨

　新法第27条第3項の認定があった場合、当該認定に係る違反被疑行為については、措置命令及び課徴金納付命令が行われないこととなる（新法第28条）。本条第1項は、内閣総理大臣（消費者庁長官）が、①認定を受けた是正措置計画に従って是正措置が実施されていないと認めるとき（第1号）、又は、②虚偽又は不正の事実に基づいて認定を受けたことが判明したとき（第2号）は、当該認定を維持すべきではなく、措置命令及び課徴金納付命令を行うことを可能にするため、当該認定を取り消さなければならないことを規定するものである。

　また、第2項は、当該認定の取消しに係る手続及びその効力の発生について規定するものである。

2　認定の取消し

⑴　「是正措置計画に従つて是正措置が実施されていないと認めるとき」

是正措置計画には、是正措置の内容（新法第 27 条第 2 項第 1 号）、是正措置の実施期限（同項第 2 号）等が記載されることとなるところ、例えば、実際に実施された措置の内容が是正措置計画に記載されている是正措置の内容と比べて不十分である場合や、是正措置が実施期限内に実施されていない場合には、「是正措置計画に従つて是正措置が実施されていない」ものとして、第 1 号に該当すると考えられる。

⑵　「虚偽又は不正の事実に基づいて当該認定を受けたことが判明したとき」

上記のとおり、新法第 27 条第 1 項により是正措置計画の認定を申請する者は、是正措置計画に同条第 2 項各号に掲げる事項、具体的には、是正措置の内容（新法第 27 条第 2 項第 1 号）、是正措置の実施期限（同項第 2 号）等を記載することとなる。

是正措置計画において、例えば、是正措置の内容が十分であるとの説明や是正措置計画の履行確保が確実であるとの説明に虚偽の内容が含まれており、それを前提として新法第 27 条第 3 項の認定を受けた場合には、認定の基礎となるべき事実が不存在であったということになるため、「虚偽又は不正の事実に基づいて当該認定を受けた」ものとして、本条第 2 号に該当するものと考えられる。

3　認定の取消しの手続

第 1 項の規定により新法第 27 条第 3 項の認定を取り消すこととなった場合には、当該取消しは、認定権者である内閣総理大臣（消費者庁長官）が行うこととなる。是正措置計画の認定の申請を却下

する場合及び認定された是正措置計画に係る変更の認定の申請を却
下する場合と同様に、是正措置計画の認定の取消しは文書（取消
書）をもって行うこととしている（新法第27条第4項準用）。また、
取消書の謄本が送達されることによって取消しの決定の効力を生ず
ることとしている（同条第5項準用）。

第3項（課徴金納付命令の除斥期間の特例）

> 3 第一項の規定による第二十七条第三項の認定の取消しがあつた場合
> において、当該取消しが第十二条第七項に規定する期間の満了する日
> の二年前の日以後にあつたときは、当該認定に係る疑いの理由となつ
> た行為に対する課徴金納付命令は、同項の規定にかかわらず、当該取
> 消しの日から二年間においても、することができる。

解　説

1　改正の趣旨

　課徴金納付命令は、課徴金対象行為をやめた日から5年を経過し
たときは、行えないこととされている（第12条第7項。除斥期間）。
　本項は、是正措置計画の認定の取消し（新法第29条第1項）がな
された場合において、当該認定に係る疑いの理由となった行為につ
いて課徴金納付命令を行うときには、上記の5年間の除斥期間にか
かわらず、認定の取消しの日から2年間は課徴金納付命令を行うこ
とができるよう規定するものである。

2　課徴金納付命令の除斥期間の特例

　新法第29条第1項の規定により認定の取消しがなされるのは、
是正措置計画の認定がなされてから相当程度の期間が経過した後と
なることも想定される。しかし、課徴金納付命令の除斥期間は違反

行為が終了してから 5 年間と規定されているため、認定を取り消し
たとしても、調査を再開して課徴金納付命令を行おうとする時点で
は、既に除斥期間が経過しており、課徴金納付命令を行えないケー
スも想定される。そこで、本項は、認定の取消しの日 ^(注 1) から 2 年
間は課徴金納付命令を行うことができる旨を規定するものであ
る^(注 2)。

> （注 1）　認定の取消しは、取消書の謄本の送達によって効力を生じるため
> 　　（新法第 29 条第 2 項による新法第 27 条第 5 項の準用）、「取消しの日」とは、
> 　　取消しの効力が生じた日を指す。
> （注 2）　なお、独占禁止法の確約手続においては、排除措置命令に関しても、
> 　　同様に除斥期間の特例について規定している（独占禁止法第 48 条の 5 第 3
> 　　項、第 48 条の 9 第 3 項）。しかしながら、景品表示法における措置命令に
> 　　関してはそもそも除斥期間が存在しないため、新法第 29 条第 1 項の規定
> 　　により是正措置計画の認定の取消しがなされた後は、調査を再開して措置
> 　　命令を行おうとする場合は、その期間にかかわらず行うことができる。し
> 　　たがって、措置命令に関する特例は不要であるから、そのような規定はな
> 　　い。

第**30**条（既往の違反被疑行為に係る通知）

第三十条　内閣総理大臣は、第四条の規定による制限若しくは禁止又は第五条の規定に違反する行為があると疑うに足りる事実が既になくなつている場合においても、その疑いの理由となつた行為について、一般消費者による自主的かつ合理的な商品及び役務の選択を確保する上で必要があると認めるときは、第一号に掲げる者に対し、第二号に掲げる事項を書面により通知することができる。ただし、措置命令に係る行政手続法第三十条の規定による通知又は第十五条第一項の規定による通知をした後は、この限りでない。

一　次に掲げる者

　イ　当該疑いの理由となつた行為をした者

　ロ　当該疑いの理由となつた行為をした者が法人である場合において、当該法人が合併により消滅したときにおける合併後存続し、又は合併により設立された法人

　ハ　当該疑いの理由となつた行為をした者が法人である場合において、当該法人から分割により当該疑いの理由となつた行為に係る事業の全部又は一部を承継した法人

　ニ　当該疑いの理由となつた行為をした者から当該疑いの理由となつた行為に係る事業の全部又は一部を譲り受けた者

二　次に掲げる事項

　イ　当該疑いの理由となつた行為の概要

　ロ　違反する疑いのあつた法令の条項

　ハ　次条第一項の規定による認定の申請をすることができる旨

解　説

1　改正の趣旨

　新法第26条と同様に、内閣総理大臣（消費者庁長官）が行っている違反被疑行為の調査について、通常の調査手続から影響是正措置計画の認定の手続に移行するために、内閣総理大臣（消費者庁長官）

が影響是正措置計画の認定の手続に係る通知を行うことができる旨を規定するものである。

2　影響是正措置計画の認定の手続の対象行為類型

新法第26条と同様に、影響是正措置計画の認定の手続の対象となる違反被疑行為の行為類型は、措置命令（第7条第1項）の対象となる全ての違反行為類型である。具体的には、景品類の制限又は禁止（第4条により内閣総理大臣が定める景品類の制限又は禁止。具体的には各景品規制告示）に違反する行為及び不当な表示の禁止（第5条）に違反する行為である。不当な表示の禁止に違反する行為は、優良誤認表示（同条第1号）、有利誤認表示（同条第2号）及び指定告示（同条第3号）のいずれも含まれる。

3　「違反する行為があると疑うに足りる事実が既になくなつている場合」

「違反する行為があると疑うに足りる事実が既になくなつている場合」とは、違反被疑行為が存在したものの、その後、当該違反被疑行為を取りやめるなど、新法第30条の通知をする時点では、当該違反被疑行為がなくなっている場合である。

実務上、内閣総理大臣（消費者庁長官）の調査を契機として、調査の対象となっている違反行為を取りやめる事業者も多い（違反行為がなくなっている場合は、一般的に、「既往の違反行為」と呼ばれる。）。しかしながら、不当な顧客誘引行為は一般消費者の自主的かつ合理的な選択を阻害するおそれのある行為であるところ、違反行為をやめたからといって、違反行為によって生じたそのようなおそれが消えるわけではない。そこで、既往の違反行為についても継続中の違反行為の場合と同様に、一般消費者の自主的かつ合理的な選択を阻害するおそれがある。

　そして、このことは違反行為のみならず違反被疑行為についても当てはまるものであり、既往の違反被疑行為についても継続中の違反被疑行為の場合と同様に、一般消費者による自主的かつ合理的な商品及び役務の選択を確保する上で、当該違反被疑行為による影響を是正する必要がある場合もあり得る。

　また、既往の違反被疑行為においても影響是正措置計画の認定の手続を行うことを可能とすることとしなければ、例えば、調査を受けたにもかかわらず違反被疑行為を継続する者は是正措置計画の認定の手続の対象となり、措置命令等が行われなくなり得るのに対し、調査を受けて早期に違反被疑行為を取りやめた者は影響是正措置計画の認定の手続に移行することができず、措置命令等を行う通常の手続しか採り得なくなることとなり、アンバランスな制度設計となってしまう。

　そこで、違反被疑行為を取りやめるだけでは足りず、当該違反被疑行為を取りやめていることの周知措置等の積極的な措置に踏み込まなければ、一般消費者による自主的かつ合理的な商品及び役務の選択を確保するには十分でない場合があることを踏まえ、既往の違反被疑行為の場合、すなわち「違反する行為があると疑うに足りる事実が既になくなつている場合」について、影響是正措置計画の認定の手続を行うことができることとしている。

　なお、影響是正措置計画の認定の手続に移行することが可能となる期間については、新法第26条と同様に、いまだ内閣総理大臣（消費者庁長官）が違反行為を認定するまでに至っていない段階にある場合、すなわち、内閣総理大臣（消費者庁長官）が調査を開始して以降、第7条第1項及び第8条第1項に規定する「違反する行為」が認定されるまでの間となる（ただし、措置命令に係る行政手続法第30条の通知又は課徴金納付命令に係る第15条第1項の規定による通知（弁明の機会の付与の通知）をした後に影響是正措置計画の認定の

手続に係る通知を行えないことについては、後記 7 参照）。

4 「一般消費者による自主的かつ合理的な商品及び役務の選択を確保する上で必要があると認めるとき」

　新法第 26 条と同様に、確約手続も、景品表示法の目的を達成するための措置であることから、内閣総理大臣（消費者庁長官）が影響是正措置計画の認定の手続の対象とすることが適当か否かの事案選択を行うに際しては、同法の目的に資する必要があるため、通知の要件を定めるものである。

　新法第 30 条柱書において規定する要件である、「一般消費者による自主的かつ合理的な商品及び役務の選択を確保する上で必要があると認めるとき」については、影響是正措置計画の認定の手続の趣旨が、違反被疑行為による影響を事業者が早期に是正することで、一般消費者の自主的かつ合理的な選択を迅速に確保し、内閣総理大臣（消費者庁長官）と事業者が協調的に問題解決を行う領域を拡大することにあるから、個別具体的な事案に応じて、①違反被疑行為による影響を迅速に是正する必要性、あるいは、②事業者の提案に基づいた方がより実態に即した効果的な措置となる可能性などの観点から判断されることとなる[注]。

> （注）　この点、悪質重大な事案、具体的には事業者が繰り返し違反行為を行っている事案や直罰（新法第 48 条）に相当し得る事案については、確約手続による早期是正は期待できないため、確約手続の対象となるものではなく、これについては後日運用基準で明らかにすることとされている。

5 「第 1 号に掲げる者に対し」

　確約手続も調査手続の 1 つであり、影響是正措置計画の認定の手続においては、事業者において違反被疑行為による影響を是正するために必要な措置を検討することとなるため調査対象である、違反

被疑行為をした者が影響是正措置計画の認定の手続に係る通知の名宛人となる（第1号イ）。

他方、既往の違反被疑行為については、事業者が法人である場合において、違反被疑行為を取りやめた後に当該法人が合併により消滅したり、分割により当該違反被疑行為に係る事業を他の法人に承継させたりするときがあり、また、事業者が違反被疑行為を取りやめた後に当該違反被疑行為に係る事業を他の事業者に譲渡する場合がある。

このため、違反被疑行為をした事業者のほか、承継事業者等に対しても影響是正措置計画の認定の手続に係る通知を行える旨を明確に規定したものである（第1号ロからニまで）。

6 「第2号に掲げる事項を書面により通知することができる」

確約手続は、事業者の自主的な取組を促す制度ではあるものの、公益を確保するためになされる行政処分である措置命令の代替的な措置となり得るものであり、確約手続の開始は、行政庁が主導権を握るべきものである。このため、新法第26条と同様に、違反被疑行為をした者等が、内閣総理大臣（消費者庁長官）が認定できるような影響是正措置計画の提出を行い得るためには、内閣総理大臣（消費者庁長官）がまず違反被疑行為をした者等に対し通知をすることとされた。

そして、影響是正措置計画の認定の手続においては、違反被疑行為等をした者の側から影響是正措置計画を自主的に提出することができる仕組みとしているところ、違反被疑行為をした者等が、違反被疑行為の概要及び違反する疑いのある法令の条項について、あらかじめ把握しておくことが必要である。また、新法第30条の規定による通知を受けた者に対して、当該通知を受けた者が影響是正措

置計画の認定の手続に基づき影響是正措置計画を自主的に提出することができる旨を明示的に伝達することが適切である。

　そのため、内閣総理大臣（消費者庁長官）が影響是正措置計画の認定の手続の対象として適当と判断した事案については、違反被疑行為をした者等に対し、①当該疑いの理由となった行為の概要、②違反する疑いのある法令の条項、及び③新法第 31 条第 1 項の規定による認定の申請をすることができる旨を通知することとする（第2 号各号）（注）。

　（注）　確約手続は、法制上は、内閣総理大臣（消費者庁長官）が通知を行い、事業者から申請された是正措置計画等を内閣総理大臣（消費者庁長官）が認定する仕組みではあるが、当該手続を迅速かつ実効的に運用するためには、景品表示法違反の疑いについて、内閣総理大臣（消費者庁長官）と事業者との間の事実上の合意により解決を図ることが適切である。このため、内閣総理大臣（消費者庁長官）と事業者との間で意思疎通を密に行うことが肝要であると考えられる。そこで、運用基準においては、事業者は、新法第 26 条及び新法第 30 条の規定による確約手続に係る通知の前後にかかわらず、内閣総理大臣（消費者庁長官）に対し、この手続の利用に係る相談を行うことが可能である旨を明らかにする予定である。より具体的には、確約手続に係る通知の前であれば、調査を受けている行為について、①確約手続の対象となるかどうかの確認を行ったり、②確約手続に付すことを希望する旨の申出を行ったりすることができることを明らかにする予定である。

　　また、確約手続に係る通知の後は、①内閣総理大臣（消費者庁長官）が必要であると認める場合又は②事業者から求められた場合に、その時点における確約計画の認定に関する論点等を説明する旨についても運用基準で明らかにする予定である。さらに、内閣総理大臣（消費者庁長官）から確約計画の申請を行った事業者に対して、当該申請の内容について説明を求めることがある旨も併せて運用基準で明らかにする予定である。

7 「ただし、措置命令に係る行政手続法第 30 条の規定による通知又は第 15 条第 1 項の規定による通知をした後は、この限りでない」

新法第 26 条柱書ただし書と同様に、新法第 30 条柱書ただし書きは、調査中の事案について、措置命令又は課徴金納付命令をしようとするに至り、措置命令に係る行政手続法第 30 条の規定による通知又は課徴金納付命令に係る第 15 条第 1 項の規定による通知（弁明の機会の付与の通知）をした後は、新法第 30 条の通知を行い、影響是正措置計画の認定の手続に移行することはできない旨を規定するものである。影響是正措置計画の認定の手続は、新法第 30 条の通知を受けた者が、影響是正措置計画を内閣総理大臣（消費者庁長官）に対して自主的に提出した上で、当該計画が新法第 31 条第 3 項各号に掲げる認定要件に適合すると内閣総理大臣（消費者庁長官）が認める場合に、内閣総理大臣（消費者庁長官）が当該計画に対して認定を行い、当該計画を実施することを前提に、措置命令及び課徴金納付命令を行わない（すなわち、内閣総理大臣（消費者庁長官）は違反行為の認定を行わない）こととする手続である。

他方、違反行為が認定されるに至った場合には、まさに一般消費者の自主的かつ合理的な選択を阻害するおそれが顕在化したといえる。このため、かかる場合には、従来どおり、措置命令及び課徴金納付命令を行うことが適当であることから、措置命令に係る行政手続法第 30 条の通知又は課徴金納付命令に係る第 15 条第 1 項の通知（弁明の機会の付与の通知）をした後は、影響是正措置計画の認定の手続に移行することができないこととしている。

第31条（影響是正措置計画に係る認定の申請等）
第1項

> 第三十一条 前条の規定による通知を受けた者は、疑いの理由となつた行為による影響を是正するために必要な措置を自ら策定し、実施しようとするときは、内閣府令で定めるところにより、その実施しようとする措置（以下この条及び第三十三条第一項第一号において「影響是正措置」という。）に関する計画（以下この条及び同号において「影響是正措置計画」という。）を作成し、これを当該通知を受けた日から六十日以内に内閣総理大臣に提出して、その認定を申請することができる。

解 説

1 改正の趣旨

本項は、影響是正措置計画の認定の申請について、新法第27条第1項の内容と同旨を規定するものである。

2 「疑いの理由となつた行為による影響を是正するために必要な措置」（影響是正措置）

これまでに違反行為に対して採られている措置命令では、「その行為の差止め若しくはその行為が再び行われることを防止するために必要な事項又はこれらの実施に関連する公示その他必要な事項」（第7条第1項）として、違反行為の差止め[注]、一般消費者への周知徹底（誤認排除措置）、再発防止措置、今後同様の表示を行わないこと等を命じていた。

影響是正措置計画の認定の手続においては、新法第30条の通知を受けた者が、このような措置命令がなされたとすれば命じられる措置を参考に、自主的に影響是正措置を策定し、影響是正措置計画を内閣総理大臣（消費者庁長官）に提出することができることとなる。

　(注)　もっとも、本項において対象となる違反被疑行為は既往のものである
　　　ため、理論的に、本項に基づく申請に係る影響是正措置の内容として、違
　　　反行為の差止めが入ることはない。

3　「行為による影響」

　本項は、影響是正措置の対象を、疑いの理由となった行為による
影響としている。これは、既往の違反被疑行為についても、一般消
費者による自主的かつ合理的な商品及び役務の選択を確保する上で、
当該違反被疑行為による影響を是正する必要があることから、それ
を明らかにする旨を規定するものである。

4　「当該通知を受けた日から60日以内に内閣総理大臣に提出して、その認定を申請することができる」

　内閣総理大臣（消費者庁長官）から新法第30条の通知があった場
合であっても、当該通知に応じて影響是正措置計画の提出を行うか
否かは、当該通知を受けた者が自主的に判断するものである。した
がって、その自主性を確保しつつ、違反被疑行為による影響を是正
する内容の計画の提出を行うことができるようにするため、違反被
疑行為を行った者が内閣総理大臣（消費者庁長官）から新法第30条
の通知を受けてから影響是正措置計画の提出を行うための期間を確
保することが適当である。これを踏まえ、影響是正措置計画を提出
するか否か及びどのような内容の影響是正措置計画を作成するかに
ついて検討する時間を確保するため、当該通知を受けた者は、新法
第30条の通知を受けた日から60日以内に、内閣総理大臣（消費者
庁長官）に対し、影響是正措置計画を提出して、その認定を申請す
ることができることとしている。

5　「内閣府令で定めるところにより」

影響是正措置計画に係る認定の申請の様式等、申請の手続の細則について、内閣府令に規定することを委任するものである[注]。

(注)　具体的には、①確約計画の申請書の様式、②添付書類、③記載事項の変更、④提出方法等について定めることになるものと考えられる。

第2項

> 2　影響是正措置計画には、次に掲げる事項を記載しなければならない。
> 一　影響是正措置の内容
> 二　影響是正措置の実施期限
> 三　その他内閣府令で定める事項

解　説

1　改正の趣旨

本項は、影響是正措置計画の必要的記載事項について、新法第27条第2項の内容と同旨を規定するものである。

2　影響是正措置計画の記載事項

本項第1号及び第2号に掲げる事項が法律上の必要的記載事項であり、同項第3号の委任を受けた内閣府令によって、同項第1号及び第2号に掲げる事項以外の事項も影響是正措置計画に係る必要的記載事項として定めることが可能である。

これらの事項に係る記載がない、又は記載が不十分である場合は、そもそも影響是正措置計画の要件（記載事項）を欠くものとして不適法であることから、「第1項の規定による認定の申請があつた」（新法第31条第3項）とは認められない。もっとも、このような場

合には、内閣総理大臣（消費者庁長官）から、記載の追加・訂正等の教示が事実上行われるものと考えられる。

3 影響是正措置の内容

「疑いの理由となつた行為による影響を是正するために必要な措置」（新法第31条第1項）として、新法第30条の通知を受けた者が自ら策定し、実施しようとする影響是正措置の具体的内容を影響是正措置計画の必要的記載事項としている（第1号）。

4 影響是正措置の実施期限

第1号で記載事項としている具体的な影響是正措置について、その履行期限を設定する必要があることから、当該期限についても影響是正措置計画の必要的記載事項としている（第2号）。また、「影響是正措置の実施期限」とは、措置の「実施期限」のみならず、その「実施期間」を含む趣旨である。

5 既に実施した措置の取扱い

事業者が、影響是正措置計画の認定の申請の前に、違反被疑行為による影響の是正等のために何らかの措置を自主的に実施することが考えられる。そのような場合、事業者が、影響是正措置計画において既に実施した措置の内容を記載すること自体は否定されるものではない。

第**3**項

> 3 内閣総理大臣は、第一項の規定による認定の申請があつた場合にお
> いて、その影響是正措置計画が次の各号のいずれにも適合すると認め
> るときは、その認定をするものとする。
> 一 影響是正措置が疑いの理由となつた行為による影響を是正するた
> めに十分なものであること。
> 二 影響是正措置が確実に実施されると見込まれるものであること。

解　説

1　改正の趣旨

　影響是正措置計画の認定も行政処分である。影響是正措置計画の
認定の手続において、新法第 30 条の規定による通知を受けた者か
ら影響是正措置計画の提出を受け、申請に基づき、その認定をする
こととしている趣旨は、申請者が実施しようとする影響是正措置に
ついて、疑いの理由となった行為による影響を是正するために十分
なものであること等を担保することにある。

　本項は、そのような趣旨の下、影響是正措置計画の認定について、
是正措置計画の認定に係る新法第 27 条第 3 項の内容と同旨を規定
するものである。

2　措置内容の十分性

　第 1 号は、新法第 30 条の通知を受けた者が自主的に策定した
「疑いの理由となつた行為による影響を是正するために必要な措置」
（新法第 31 条第 1 項）が、当該通知によって内閣総理大臣（消費者庁
長官）から通知された違反の疑いを解消するに足りる十分な内容の
ものであることを影響是正措置計画の認定要件としている。

3　措置実施の確実性

影響是正措置の内容が第1号の認定要件を満たす十分な内容のものであったとしても、当該影響是正措置が確実に実施されなければ、一般消費者による自主的かつ合理的な商品及び役務の選択の確保が実現できないこととなる。

このような事態を避けるため、第2号の認定要件は、影響是正措置計画に記載された影響是正措置の内容とその実施期限又は実施期間を照らし合わせた上で、当該実施期限内又は実施期間中に影響是正措置が確実に実施されることが可能であることを要件としている。

4　影響是正措置計画の認定に関する公表

影響是正措置計画を認定した場合には、具体的にどのような行為が一般消費者による自主的かつ合理的な商品及び役務の選択に悪影響を与える可能性があるのかを明らかにするとともに、法運用の透明性を図る必要性がある。そこで、違反被疑行為や、影響是正措置計画により行われる措置の概要、事業者名等を公表することが想定されている。

第4項

> 4　第二十七条第四項及び第五項の規定は、前項の認定について準用する。

解　説

1　改正の趣旨

影響是正措置計画の認定に係る手続及びその効力の発生について、是正措置計画の認定に係る手続及びその効力の発生に係る新法第27条第4項及び第5項の規定を準用する旨を規定するものである。

第5項・第6項

> 5　内閣総理大臣は、第一項の規定による認定の申請があつた場合にお
> いて、その影響是正措置計画が第三項各号のいずれかに適合しないと
> 認めるときは、これを却下しなければならない。
>
> 6　第二十七条第四項及び第五項の規定は、前項の規定による処分につ
> いて準用する。この場合において、同条第五項中「認定書」とあるの
> は、「不認定書」と読み替えるものとする。

解　説

1　改正の趣旨

　第5項及び第6項は、影響是正措置計画の認定の申請の却下につ
いて、是正措置計画の認定の申請の却下に係る新法第27条第6項
及び第7項の内容と同旨を規定するものである。

第7項・第8項

> 7　第三項の認定を受けた者は、当該認定に係る影響是正措置計画を変
> 更しようとするときは、内閣府令で定めるところにより、内閣総理大
> 臣の認定を受けなければならない。
>
> 8　第三項から第六項までの規定は、前項の変更の認定について準用す
> る。

解　説

1　改正の趣旨

　第7項及び第8項は、影響是正措置計画の変更の認定を申請する
手続について、是正措置計画の変更の認定を申請する手続に係る新
法第27条第8項及び第9項の内容と同旨を規定するものである。

第**32**条（影響是正措置計画に係る認定の効果）

第三十二条 第七条第一項及び第八条第一項の規定は、内閣総理大臣が
前条第三項の認定（同条第七項の変更の認定を含む。次条において同
じ。）をした場合における当該認定に係る疑いの理由となつた行為に
ついては、適用しない。ただし、次条第一項の規定による当該認定の
取消しがあつた場合は、この限りでない。

解 説

1 改正の趣旨

本条は、影響是正措置計画の認定の効果について、是正措置計画
の認定の効果に係る新法第 28 条の内容と同旨を規定するものであ
る。

2 「当該認定に係る疑いの理由となつた行為」

影響是正措置計画に記載されている影響是正措置が疑いの理由と
なった行為による影響を是正するために十分なものであり（新法第
31 条第 3 項第 1 号）、当該影響是正措置が確実に実施されると見込
まれる（同項第 2 号）と認められ、当該影響是正措置計画が同項の
認定を受けた後、当該影響是正措置計画に従って影響是正措置が実
施されれば、疑いの理由となった行為による影響は是正されるため、
措置命令及び課徴金納付命令を行う対象はなくなると考えられる。

他方で、影響是正措置が実施される以前の当該認定に係る疑いの
理由となった行為については、影響是正措置の実施後に当該行為に
よる影響がなくなった後も、既往の違反行為として措置命令及び課
徴金納付命令が行われ得る（課徴金納付命令は、第 12 条第 7 項の除斥
期間が経過するまで）ことから、新法第 31 条第 3 項の認定の効果と
して、当該認定に係る疑いの理由となった行為について措置命令及

び課徴金納付命令を行わない旨を明確に規定するものである[注]。
このように、事業者が当該認定を受けた場合には、措置命令及び課
徴金納付命令を受けることはないという法的な地位が付与されるこ
とを明確に規定することで、事業者の確約手続活用のインセンティ
ブが確保されることとなる。

（注）　なお、独占禁止法における確約手続に関しては、「疑いの理由となつ
　　　た行為『及び排除措置に係る行為』について」排除措置命令及び課徴金納
　　　付命令が行われない旨の規定がなされている（独占禁止法第 48 条の 4）。
　　　これは、「例えば、確約措置の内容として、違反の疑いのある契約の内容
　　　を変更するといった措置を採る場合には、……認定を受けた確約計画に
　　　従って確約措置を実施すれば、当初の疑いの理由となった行為は排除され
　　　ると考えられるが、当該変更された後の契約に基づく行為（認定を受けた
　　　確約措置に係る行為）についても、……認定の効果として排除措置命令及
　　　び課徴金納付命令が行われないことが明確であることが法的安定性の見地
　　　から望ましいため、……確約措置に係る行為についても排除措置命令及び
　　　課徴金納付命令を行わない旨を確認的に規定するものである。」と説明さ
　　　れている（小室尚彦＝中里浩編著『逐条解説 平成 28 年改正独占禁止法』
　　　（商事法務、2019 年）45 頁）。この点、景品表示法において認定を受けた
　　　影響是正措置に係る行為については、当該行為が措置命令や課徴金納付命
　　　令の対象となるような違反行為を構成することはおよそ考え難いことから、
　　　認定の効果として、本条では端的に、「疑いの理由となつた行為」につい
　　　て措置命令及び課徴金納付命令が行われない旨を規定している。

第**33**条（影響是正措置計画に係る認定の取消し等）
第**1**項・第**2**項

第三十三条　内閣総理大臣は、次の各号のいずれかに該当するときは、第三十一条第三項の認定を取り消さなければならない。
　一　第三十一条第三項の認定を受けた影響是正措置計画に従つて影響是正措置が実施されていないと認めるとき。
　二　第三十一条第三項の認定を受けた者が虚偽又は不正の事実に基づいて当該認定を受けたことが判明したとき。
2　第二十七条第四項及び第五項の規定は、前項の規定による第三十一条第三項の認定の取消しについて準用する。この場合において、第二十七条第五項中「認定書」とあるのは、「取消書」と読み替えるものとする。

解　説

1　改正の趣旨

　第1項及び第2項は、影響是正措置計画の認定の取消しについて、是正措置計画の認定の取消しに係る新法第29条第1項及び第2項の内容と同旨を規定するものである。

2　認定の取消し

(1)　「影響是正措置計画に従つて影響是正措置が実施されていないと認めるとき」

　影響是正措置計画には、影響是正措置の内容（新法第31条第2項第1号）、影響是正措置の実施期限（同項第2号）等が記載されることとなるところ、例えば、実際に実施された措置の内容が影響是正措置計画に記載されている影響是正措置の内容と比べて不十分である場合や、影響是正措置が実施期限内に実施されていない場合には、「影響是正措置計画に従つて影響是正措置が実施されていない」も

のとして、第1項第1号に該当すると考えられる。

⑵　「虚偽又は不正の事実に基づいて当該認定を受けたことが判明したとき」

　新法第31条第1項により影響是正措置計画の認定を申請する者は、影響是正措置計画に同条第2項各号に掲げる事項を記載することとなる。具体的には、影響是正措置の内容（新法第31条第2項第1号）、影響是正措置の実施期限（同項第2号）等を記載することとなる。

　影響是正措置計画において、例えば、影響是正措置の内容が十分であるとの説明や影響是正措置計画の履行確保が確実であるとの説明に虚偽の内容が含まれており、それを前提として新法第31条第3項の認定を受けた場合には認定の基礎となるべき事実が不存在であったということになるため、「虚偽又は不正の事実に基づいて当該認定を受けた」ものとして、第2号に該当するものと考えられる。

3　認定の取消しの手続

　第1項の規定により新法第31条第3項の認定を取り消すこととなった場合には、当該取消しは、認定権者である内閣総理大臣（消費者庁長官）が行うこととなる（第2項）。影響是正措置計画の認定の申請を却下する場合及び認定された影響是正措置計画に係る変更の認定の申請を却下する場合と同様に、影響是正措置計画の認定の取消しは文書（取消書）をもって行うこととしている（新法第27条第4項準用）。また、取消書の謄本が送達されることによって取消しの決定の効力を生ずることとしている（新法第27条第5項準用）。

第3項（課徴金納付命令の除斥期間の特例）

> 3 第一項の規定による第三十一条第三項の認定の取消しがあつた場合において、当該取消しが第十二条第七項に規定する期間の満了する日の二年前の日以後にあつたときは、当該認定に係る疑いの理由となつた行為に対する課徴金納付命令は、同項の規定にかかわらず、当該取消しの日から二年間においても、することができる。

解　説

1　改正の趣旨

　課徴金納付命令は、課徴金対象行為をやめた日から5年を経過したときは、行えないこととされている（第12条第7項、除斥期間）。

　本項は、影響是正措置計画に係る課徴金納付命令の除斥期間の特例について、是正措置計画に係る課徴金納付命令の除斥期間の特例に係る新法第29条第3項の規定と同旨を規定するものである。

2　課徴金納付命令の除斥期間の特例

　新法第33条第1項の規定により認定の取消しがなされるのは、影響是正措置計画の認定がなされてから相当程度の期間が経過した後となることも想定される。しかし、課徴金納付命令の除斥期間は違反行為が終了してから5年間と規定されているため、認定を取り消したとしても、調査を再開して課徴金納付命令を行おうとする時点では、既に除斥期間が経過しており、課徴金納付命令を行えないケースも想定される。そこで、本項は、認定の取消しの日^(注1)から2年間は課徴金納付命令を行うことができる旨を規定するものである^(注2)。

　（注1）　認定の取消しは、取消書の謄本の送達によって効力を生じるため（新法第33条第2項による新法第27条第5項の準用）、「取消しの日」とは、

　取消しの効力が生じた日を指す。

（注2）　なお、独占禁止法の確約手続においては、排除措置命令に関しても、同様に除斥期間の特例について規定している（独占禁止法第 48 条の 5 第 3 項、第 48 条の 9 第 3 項）。しかしながら、景品表示法における措置命令に関してはそもそも除斥期間が存在しないため、新法第 33 条第 1 項の規定により影響是正措置計画の認定の取消しがなされた後は、調査を再開して措置命令を行おうとする場合は、その期間にかかわらず行うことができる。したがって、措置命令に関する特例は不要であるから、そのような規定はない。

第3章 適格消費者団体の差止請求等

第34条（差止請求権等）
第1項

> 第三十四条 消費者契約法（平成十二年法律第六十一号）第二条第四項に規定する適格消費者団体（以下「適格消費者団体」という。）は、事業者が、不特定かつ多数の一般消費者に対して次の各号に掲げる行為を現に行い又は行うおそれがあるときは、当該事業者に対し、当該行為の停止若しくは予防又は当該行為が当該各号に規定する表示をしたものである旨の周知その他の当該行為の停止若しくは予防に必要な措置をとることを請求することができる。

解　説

1　改正の趣旨

　これまで現行法第30条の1条のみであった第3章について、新法第35条が新設され条が増えることになったことから、同章の見出しの内容を整理（「適格消費者団体の差止請求権等」から「適格消費者団体の差止請求等」に改正）するとともに、これまで見出しのなかった（新法）第34条（現行法第30条）に「差止請求権等」との見出しを新設し、第1項において、現行法第30条第1項の「適格消費者団体（以下この条及び第41条において単に「適格消費者団体」という。）」との文言を「適格消費者団体（以下「適格消費者団体」という。）」に整理するほか、条ずれ処理を行うものである。

第35条 （資料開示要請等）

> 第三十五条　適格消費者団体は、事業者が現にする表示が前条第一項第
> 　一号に規定する表示に該当すると疑うに足りる相当な理由があるとき
> 　は、内閣府令で定めるところにより、当該事業者に対し、その理由を
> 　示して、当該事業者のする表示の裏付けとなる合理的な根拠を示す資
> 　料を開示するよう要請することができる。
> 2　事業者は、前項の資料に営業秘密（不正競争防止法（平成五年法律
> 　第四十七号）第二条第六項に規定する営業秘密をいう。）が含まれる
> 　場合その他の正当な理由がある場合を除き、前項の規定による要請に
> 　応じるよう努めなければならない。

解　説

1　改正の趣旨

　適格消費者団体とは、不特定かつ多数の消費者の利益のために消費者契約法による差止請求権を行使するのに必要な適格性を有する法人である消費者団体として内閣総理大臣（消費者庁長官）の認定を受けた者である（消費者契約法第2条第4項参照）。適格消費者団体は、消費者契約法上の不実告知等の差止めを求めることができる（同法第12条参照）ところ、景品表示法上の不当表示の差止めも求めることができる。具体的には、事業者が不特定かつ多数の一般消費者に対して優良誤認表示又は有利誤認表示を現に行い又は行うおそれがあるときは、当該事業者に対し、当該行為の停止若しくは予防又は当該行為が優良誤認表示・有利誤認表示に当たるものである旨の周知その他の当該行為の停止若しくは予防に必要な措置をとることを請求することができる権限を、適格消費者団体に対して付与している（新法第34条第1項柱書）。行政機関による法執行と、この適格消費者団体による差止請求権の行使は、相互に補完しあって不当表示に対する抑止力となっている。

　もっとも、差止めの要件を満たす事実を主張・立証する責任は、適格消費者団体にある。特に効果・性能を強調表示するものについて、優良誤認表示に該当するとされるためには、表示どおりの効果・性能がないことを立証する必要がある。しかし、そのためには専門機関による調査・鑑定が必要なことから多大な時間を要するといった問題があり、ボランティアに依存する適格消費者団体にとって負担が大きく、差止請求権を活用しきれていないという問題点がある。さらに、適格消費者団体が、消費者等から情報を得て、ある事業者の行為が差止請求の対象となり得るとの疑いを持った場合、当該事業者に対してその裏付けとなる根拠の照会をすることが多いところ、その照会に真摯に回答した事業者は、その後差止請求される可能性が高くなるのに対し、回答さえしない事業者は適格消費者団体にとって優良誤認表示に該当するとの主張をするための手掛かりがないことになるため、差止請求される可能性が低くなる。事業者の対応により、このような差が生じるのは不合理であると考えられ、この不合理を是正する必要があると考えられた。

　そこで、消費者契約法及び消費者の財産的被害の集団的な回復のための民事の裁判手続の特例に関する法律の一部を改正する法律により消費者契約法に導入された、適格消費者団体による要請とこれに応じる事業者の努力義務の例（同法第12条の4）に倣い、適格消費者団体による差止請求の実効性を確保するため、優良誤認表示の疑いのある事業者に対する、表示の裏付けとなる合理的根拠の開示の要請を法的に明確に位置づけるとともに、事業者側には努力義務を課すこととされた。

2 「事業者が現にする表示が前条第 1 項第 1 号に規定する表示に該当すると疑うに足りる相当な理由があるとき」

　第 1 項の「事業者が現にする表示が前条第 1 項第 1 号に規定する表示に該当すると疑うに足りる相当な理由があるとき」とは、具体的には、単なる憶測や伝聞等ではなく、例えば、同種の商品に係る同種の効果・性能表示について優良誤認表示に該当するとして行政庁が処分を行ったことがあるなど、適格消費者団体が、事業者が現に行う表示が優良誤認表示に該当する可能性があると考えるに相当な理由がある場合を意味する。

3 「その理由を示して」

　適格消費者団体は、要請の対象である事業者について、どのような優良誤認表示の疑いがあるのか等の開示を求める理由・趣旨を示すことを意味する（第 1 項）。

4 「前項の資料に営業秘密（不正競争防止法（平成 5 年法律第 47 号）第 2 条第 6 項に規定する営業秘密をいう。）が含まれる場合その他の正当な理由がある場合を除き」

　表示の裏付けとなる合理的な根拠を示す資料は、事業者の営業秘密（不正競争防止法（平成 5 年法律第 47 号）第 2 条第 6 項に規定する営業秘密をいう。以下同じ）に該当することもあり、事業者が当該資料を民間団体である適格消費者団体には開示できない合理的な場合も存在し得る。このような場合に、営業秘密が含まれるか否かは事業者にしか判断できないため、事業者の行為規範として、営業秘密が含まれるなど正当な理由が存在する場合には、事業者が表示の裏付けとなる合理的な根拠を示す資料の開示を免れることができるように、「営業秘密……が含まれる場合その他の正当な理由がある場合を除き」と規定している（第 2 項）。

5 「前項の規定による要請に応じるよう努めなければならない」

　事業者は、適格消費者団体より新法第35条第1項の要請が行われた場合は、当該要請に応じる努力義務があることを規定するものである（第2項）。

第5章　雑　則

第38条（権限の委任等）
第3項

> 3　消費者庁長官は、緊急かつ重点的に不当な景品類及び表示に対処する必要があることその他の政令で定める事情があるため、事業者に対し、措置命令、課徴金納付命令又は第二十四条第一項の規定による勧告を効果的に行う上で必要があると認めるときは、政令で定めるところにより、第一項の規定により委任された権限（第二十五条第一項の規定による権限に限る。）を当該事業者の事業を所管する大臣又は金融庁長官に委任することができる。

解　説

1　改正の趣旨

　現行法第33条第3項においては「第七条第一項の規定による命令」と規定されていたが、本改正法により「措置命令」の定義規定が新法第7条第2項において設けられたことから、本項においては「措置命令」との文言に整理している。

第 41 条（外国執行当局への情報提供）

第四十一条　内閣総理大臣は、この法律に相当する外国の法令を執行する外国の当局（次項及び第三項において「外国執行当局」という。）に対し、その職務（この法律に規定する職務に相当するものに限る。次項において同じ。）の遂行に資すると認める情報の提供を行うことができる。

2　前項の規定による情報の提供については、当該情報が当該外国執行当局の職務の遂行以外に使用されず、かつ、次の同意がなければ外国の刑事事件の捜査（その対象たる犯罪事実が特定された後のものに限る。）又は審判（同項において「捜査等」という。）に使用されないよう適切な措置がとられなければならない。

3　内閣総理大臣は、外国執行当局からの要請があつたときは、次の各号のいずれかに該当する場合を除き、第一項の規定により提供した情報を当該要請に係る外国（第三号において「要請国」という。）の刑事事件の捜査等に使用することについて同意をすることができる。

一　当該要請に係る刑事事件の捜査等の対象とされている犯罪が政治犯罪であるとき、又は当該要請が政治犯罪について捜査等を行う目的で行われたものと認められるとき。

二　当該要請に係る刑事事件の捜査等の対象とされている犯罪に係る行為が日本国内において行われたとした場合において、その行為が日本国の法令によれば罪に当たるものでないとき。

三　日本国が行う同種の要請に応ずる旨の要請国の保証がないとき。

4　内閣総理大臣は、前項の同意をする場合においては、あらかじめ、同項第一号及び第二号に該当しないことについて法務大臣の確認を、同項第三号に該当しないことについて外務大臣の確認を、それぞれ受けなければならない。

解　説

1　改正の趣旨

　景品表示法の規制対象となる事業者は、「商業、工業、金融業その他の事業を行う者」と規定されている（第2条第1項）ところ、日本国内に所在することが規制対象事業者の要件ではないため、理論上は、外国に所在する事業者であっても、景品表示法違反行為を行うことは可能である。実際に、内閣総理大臣（消費者庁長官）は、外国に所在する事業者が景品表示法違反行為をしていたとして行政処分を行っている。

　近年のデジタル化の進展等に伴い、このような海外に所在する事業者による景品表示法違反の増加が想定されるところである。また、そのような事業者は、当該所在国においても当該外国における表示規制に違反する行為を行っている可能性もある。

　国境を越えた執行協力の強化の必要性については、各国で認識されている。実際に各国では、国境を越えた消費者被害が発生している案件の法執行について、外国執行当局とより円滑に協力できるよう、情報を共有するなどの取組が行われている。そして、外国執行当局からこのような協力を得るためには、消費者庁も海外当局に対して同様の協力をする制度的基盤を備えるという「相互主義」の確保が必要不可欠である。

　このような観点から、外国執行当局に対して、情報の提供を行うための根拠規定を設けたものである。

2　外国執行当局に対する情報の提供

　第1項は、内閣総理大臣（消費者庁長官）が、外国執行当局に対して、情報（具体的には、例えば、景品表示法に関して行った調査等で取得した情報が考えられる。）の提供を行うことができることを規定したものである。

3 情報提供の際の適切な措置

第2項は、情報の提供を行う際には、①当該情報が当該外国執行当局の職務の遂行以外に使用されず、かつ、②第3項の同意のない限り、提供先の海外当局の刑事事件の捜査（その対象たる犯罪事実が特定された後のものに限る。）又は審判（以下「捜査等」という。）に使用されないよう、適切な措置がとられなければならないことを規定している。

①については、職務目的外に使用された場合には、日本の法運用等に悪影響を及ぼすことが懸念されるためである。また、②については、刑事事件の捜査等に必要な証拠の日本からの提供とそのための証拠の収集については、国際捜査共助等に関する法律（昭和55年法律第69号。以下「国際捜査共助法」という。）の定める要件と手続によることが原則とされていることを踏まえたものである。

4 内閣総理大臣の同意

第3項は、外国執行当局からの要請があった場合に、一部の例外を除き、日本が提供した情報を当該外国執行当局の要請に係る刑事事件の捜査等に使用することについて同意することができる旨の規定である。なお、例外となる場合とは、以下のとおりである。

⑴ 「当該要請に係る刑事事件の捜査等の対象とされている犯罪が政治犯罪であるとき、又は当該要請が政治犯罪について捜査等を行う目的で行われたものと認められるとき」

国際捜査共助法第2条第1号において、共助犯罪が政治犯罪であるとき、又は共助の要請が政治犯罪について捜査する目的で行われたものと認められるときには、共助をすることができないとの制限が設けられており、その趣旨を潜脱しないようにするためである（第1号）。

⑵　「当該要請に係る刑事事件の捜査等の対象とされている犯罪
　　に係る行為が日本国内において行われたとした場合において、
　　その行為が日本国の法令によれば罪に当たるものでないとき」

　国際捜査共助法第2条第2号において、条約に別段の定めがある
場合を除き、共助犯罪に係る行為が日本国内において行われたとし
た場合において、その行為が日本国の法令によれば罪に当たるもの
でないときには、共助をすることができないとの制限が設けられて
おり、その趣旨を潜脱しないようにするためである（第2号）。

⑶　「日本国が行う同種の要請に応ずる旨の要請国^(注)の保証が
　　ないとき」

　国家の平等という観点に立脚し、相互保証があることを前提条件
とするためである（第3号）。

　（注）　第3項柱書において当該要請に係る外国を「要請国」と定義している。

5　法務大臣及び外務大臣の確認

　第4項は、第3項の同意をする場合、同項の同意をすることがで
きない例外に該当しないことについて、法務大臣（上記4⑴及び⑵
について）及び外務大臣（上記4⑶について）の確認を受けなければ
ならないことを規定している。これは、国際捜査共助法第5条で政
治犯罪等に該当するかどうか等は法務大臣が、同法第4条で同種の
要請について相互的であるかどうかは外務大臣が、それぞれ判断す
ることとされている点を踏まえたものである。

第42条（送達書類）

第四十二条　送達すべき書類は、この法律に規定するもののほか、内閣
　府令で定める。

解　説

1　改正の趣旨

　現行法において、新法第42条に相当する規定（現行法第21条）
は第2章第3節（課徴金）に規定されていた。本改正法により、措
置命令に関しても公示送達や外国における送達等について規定を整
備することに伴い、送達に関する規定は同節（課徴金）に限らず同
章第2節（措置命令）等にも関係する規定となる。

　そこで、現行法第21条を新法第42条として第5章（雑則）に移
動させた上で、「この節に規定するもののほか」との文言を「この
法律に規定するもののほか」と整理したものである。

第**43**条（送達に関する民事訴訟法の準用）

> 第四十三条　書類の送達については、民事訴訟法（平成八年法律第百九
> 号）第九十九条、第百一条、第百三条、第百五条、第百六条、第百七
> 条第一項（第一号に係る部分に限る。次条第一項第二号において同
> じ。）及び第三項、第百八条並びに第百九条の規定を準用する。この
> 場合において、同法第九十九条第一項中「執行官」とあり、及び同法
> 第百七条第一項中「裁判所書記官」とあるのは「消費者庁の職員」
> と、同項中「最高裁判所規則」とあるのは「内閣府令」と、同法第
> 百八条中「裁判長」とあり、及び同法第百九条中「裁判所」とあるの
> は「内閣総理大臣」と読み替えるものとする。

解　説

1　改正の趣旨

　前述のとおり、海外に所在する事業者による景品表示法違反も見
られるところ、違反行為を認定できたとしても、当該事業者が日本
から拠点を撤去するなどした場合に、国内において円滑に行政処分
が行えなくなるおそれがある。このような状況等を踏まえ、措置命
令における公示送達や外国における送達等についての規定を整備等
するため、まず新法第7条第3項において措置命令は措置命令書の
謄本を送達して行うことを規定するとともに、新法第42条におい
て記載した趣旨と同様に、課徴金の節（第2章第3節）に置かれて
いた送達に関する現行法第22条を新法第43条として第5章（雑則）
に移動させた上で、以下のとおり付郵便送達の規定の導入を行った
ものである。

2　付郵便送達の規定の導入

　景品表示法の対象となる事業者の中には、規模が小さいために所
在が流動的となったり、名称に特段のブランド価値がないため法人

を解散させる等による処分逃れを画策する事業者や、組織的に行政庁からの接触を拒否するなど行政調査に反発する事業者がいることも想定される。

　事業者が処分逃れを画策してそもそも行政庁との接触を避ける場合、送達の名宛人と直接接触せずに送達を行う方法としては、名宛人又は（就業場所以外の）補充送達受領資格者が正当な理由なくこれを拒んだ場合に住所等の送達すべき場所に差置送達する手段がある（民事訴訟法第106条第3項）。しかし、名宛人と接触できないために名宛人の就業場所にいる補充送達受領資格者に対して書類を送達する場合には差置送達ができない（差置送達が可能な場合について規定する同項には、同条第2項に規定されている就業場所における補充送達受領資格者が書類の交付を拒んだときは規定されていない。）ため、同補充送達受領資格者が書類の受領を拒んだとしても送達ができない。

　このような不当な処分逃れを許さないために、民事訴訟法において住所等が判明している場合の送達の最終手段として規定されている付郵便送達の制度を景品表示法にも導入する。

　そこで、民事訴訟法の付郵便送達の規定（民事訴訟法第107条第1項）を同法第107条第1項第1号に係る部分に限り、また同条第3項を、新法第43条において準用することとしている。

第**44**条（公示送達）

第四十四条　内閣総理大臣は、次に掲げる場合には、公示送達をすることができる。

一　送達を受けるべき者の住所、居所その他送達をすべき場所が知れない場合

二　前条において読み替えて準用する民事訴訟法第百七条第一項の規定により送達をすることができない場合

三　外国においてすべき送達について、前条において読み替えて準用する民事訴訟法第百八条の規定によることができず、又はこれによつても送達をすることができないと認めるべき場合

四　前条において読み替えて準用する民事訴訟法第百八条の規定により外国の管轄官庁に嘱託を発した後六月を経過してもその送達を証する書面の送付がない場合

2　公示送達は、送達すべき書類を送達を受けるべき者にいつでも交付すべき旨を内閣府令で定める方法により不特定多数の者が閲覧することができる状態に置くとともに、その旨が記載された書面を消費者庁の掲示場に掲示し、又はその旨を消費者庁の事務所に設置した電子計算機の映像面に表示したものを閲覧することができる状態に置く措置をとることにより行う。

3　公示送達は、前項の規定による措置をとつた日から二週間を経過することによつて、その効力を生ずる。

4　外国においてすべき送達についてした公示送達にあつては、前項の期間は、六週間とする。

■解　説

1　改正の趣旨

本改正法による改正前においても、課徴金（第2章第3節）にかかる公示送達については、民事訴訟法の準用ではなく、景品表示法で書き起こされていた（現行法第23条）。新法第42条において記載

した趣旨から、現行法第23条を新法第44条として第5章（雑則）に移動させた上で、新法第43条において付郵便送達に関する制度を導入したことに伴い、公示送達を規定した民事訴訟法第110条第1項第2号には、付郵便送達ができない場合に公示送達ができる旨規定されているため、同様の規定を新法第44条に追加することとされている。なお、当該規定は同条第1項第2号に新設することとし、現行法第23条第1項第2号及び第3号は、それぞれ新法において第44条第1項第3号及び第4号と改めることとされた[注]。

　さらに、第2項及び第3項は、公示送達について、新法第15条第2項（名宛人となるべき者の所在が判明しない場合の弁明の機会の付与の通知の方式）に規定する内容（書面掲示規制の電子化）と同旨を規定するものである。

　（注）　現行法第23条第1項第2号及び第3号において「前条において準用する」とあるが、「前条において読み替えて準用する」との文言に整理している。

第 45 条 （電子情報処理組織の仕様）

> 第四十五条　消費者庁の職員が、情報通信技術を活用した行政の推進等に関する法律（平成十四年法律第百五十一号）第三条第九号に規定する処分通知等であつてこの法律又は内閣府令の規定により書類を送達して行うこととしているものに関する事務を、情報通信技術を活用した行政の推進等に関する法律第七条第一項の規定により同法第六条第一項に規定する電子情報処理組織を使用して行つたときは、第四十三条において読み替えて準用する民事訴訟法第百九条の規定による送達に関する事項を記載した書面の作成及び提出に代えて、当該事項を当該電子情報処理組織を使用して消費者庁の使用に係る電子計算機（入出力装置を含む。）に備えられたファイルに記録しなければならない。

解　説

1　改正の趣旨

　新法第 42 条の解説において記載した趣旨から、現行法第 24 条を新法第 45 条として第 5 章（雑則）に移動させた上で、「この節」との文言を「この法律」に整理し、条ずれ処理等 (注) を行うものである。

　（注）　現行法第 24 条において「書類の送達により行う」とあるが、「書類を送達して行う」との文言に、「において準用する」とあるが、「において読み替えて準用する」との文言に整理している。

第6章 罰 則

第46条
第1項

> 第四十六条　措置命令に違反した<u>とき</u>は、当該違反行為をした者は、二年以下の懲役又は三百万円以下の罰金に処する。

解　説

1　改正の趣旨

　現行法第36条において「第7条第1項の規定による命令」と規定されていたところ、本改正法により「措置命令」の定義規定が第7条第2項において設けられたことから、「措置命令」との文言に整理するとともに、両罰規定の対象として適切な文言に整理し、条ずれの処理を行ったものである。

第47条

第四十七条　第二十五条第一項の規定による報告若しくは物件の提出をせず、若しくは虚偽の報告若しくは虚偽の物件の提出をし、又は同項の規定による検査を拒み、妨げ、若しくは忌避し、若しくは同項の規定による質問に対して答弁をせず、若しくは虚偽の答弁をしたときは、当該違反行為をした者は、一年以下の懲役又は三百万円以下の罰金に処する。

解　説

1　改正の趣旨

両罰規定の対象として適切な文言に整理し、条ずれの処理を行ったものである。

第48条

第四十八条　次の各号のいずれかに該当する場合には、当該違反行為を
した者は、百万円以下の罰金に処する。
一　自己の供給する商品又は役務の取引における当該商品又は役務の
品質、規格その他の内容について、実際のもの又は当該事業者と同
種若しくは類似の商品若しくは役務を供給している他の事業者に係
るものよりも著しく優良であると一般消費者を誤認させるような表
示をしたとき。
二　自己の供給する商品又は役務の取引における当該商品又は役務の
価格その他の取引条件について、実際のもの又は当該事業者と同種
若しくは類似の商品若しくは役務を供給している他の事業者に係る
ものよりも取引の相手方に著しく有利であると一般消費者を誤認さ
せるような表示をしたとき。

解　説

1　改正の趣旨

　現行法上、不当表示（第5条）があった場合には措置命令（第7
条第1項）が行われ、これに従わなかった場合に罰則を適用するこ
ととなっており（現行法第36条第1項）、不当表示をしたことによ
り直接罰する規定はない。

　措置命令は、不当表示によって一般消費者に生じた誤認という公
益侵害状態を排除するために行うものである。しかしながら、違反
が認められる事業者の中には、表示内容について何ら根拠を有して
いないことを認識したまま表示を行うなど、表示と実際に乖離があ
ることを認識しつつ、これを認容して違反行為を行うというような
者が存在する。このような、法規範に直面しながら、あえてそれを
乗り越えて違反行為を行う者に対しては、公益確保を目的とする措
置命令では、抑止力として不十分である。

　そこで、本改正法により、そのような自らの行為が不当表示に該
当する事実を認識・認容しながら不当表示を行う者に対する制裁と
して、不当表示（優良誤認表示又は有利誤認表示）をしたことを直接
罰する、より強い抑止手段を導入するものである（いわゆる「直罰」
規定の導入）。

2　「一般消費者を誤認させるような」

　第 5 条違反による第 7 条第 1 項の措置命令や、新法第 34 条の差
止請求については、故意・過失を要件とするものではないが、新法
第 48 条は罰則を規定するものであって、刑法総則の適用があるこ
とから（刑法第 8 条本文）、「罪を犯す意思」（刑法第 38 条第 1 項本文）
のある者、すなわち故意犯を前提とするものである。

　ここで、第 5 条第 2 号のように、「一般消費者に誤認される」（傍
点筆者）との文言では、故意でない場合、すなわち過失犯（刑法第
38 条第 1 項ただし書参照）も含むのではないかとの疑義が生じ得る。
そこで、故意犯に限られることを明確にする趣旨で、特定商取引に
関する法律（昭和 51 年法律第 57 号）第 72 条第 1 項第 1 号の規定等
も参考にしつつ、新法第 48 条各号においては「一般消費者を誤認
させるような」（傍点筆者）との文言が用いられている。

第49条
第1項・第2項

第四十九条 法人の代表者又は法人若しくは人の代理人、使用人その他の従業者が、その法人又は人の業務又は財産に関して、次の各号に掲げる規定の違反行為をしたときは、行為者を罰するほか、その法人又は人に対しても、当該各号に定める罰金刑を科する。

一 第四十六条第一項 三億円以下の罰金刑

二 前二条 各本条の罰金刑

2 法人でない団体の代表者、管理人、代理人、使用人その他の従業者がその団体の業務又は財産に関して、前項各号に掲げる規定の違反行為をしたときは、行為者を罰するほか、その団体に対しても、当該各号に定める罰金刑を科する。

解 説

1 改正の趣旨

　刑法における実行行為とは、あくまで自然人の特定の行為である。本条は両罰規定であるところ、新法第48条において直罰規定を導入することに伴い、本条（両罰規定）に新法第48条違反を加えるものである。すなわち、現行法第38条第1項第2号では「前条同条の罰金刑」と規定していたが、本条第1項第2号においては「前2条 各本条の罰金刑」とする等の改正を行っている。

　なお、いわゆる三罰規定は、措置命令違反の罪（新法第46条第1項違反）についてのみ定められており（事業者団体以外の法人の代表者について新法第50条、事業者団体の理事その他の役員若しくは管理人又はその構成事業者（事業者の利益のためにする行為を行う役員、従業員、代理人その他の者が構成事業者である場合には、当該事業者を含む。）について新法第51条）、本改正法による改正前においても、調査妨害等の罪（現行法37条違反）について、三罰規定は設けられて

いなかった。

　今回導入された直罰の刑罰は、調査妨害等の罪の刑罰（1 年以下の懲役又は 300 万円以下の罰金）よりも軽いものであることから、景品表示法の中での罪刑均衡の観点から、三罰規定は設けないこととされている。

附　則

附則第 1 条（施行期日）

> 第一条　この法律は、公布の日から起算して一年六月を超えない範囲内において政令で定める日から施行する。ただし、次の各号に掲げる規定は、当該各号に定める日から施行する。
> 一　附則第四条の規定　公布の日
> 二　第十五条第二項の改正規定　公布の日から起算して三年を超えない範囲内において政令で定める日

解　説

1　改正の趣旨

　本改正法の施行期日について、公布の日から起算して1年6月を超えない範囲内において政令で定める日から施行することを原則としつつ、以下の①及び②はそれぞれに定める日から施行する旨を定めるものである。

①　附則第4条（経過措置を政令で定める旨の委任規定）　公布の日

②　新法第15条第2項の改正（書面掲示規制の電子化）　公布の日から起算して3年を超えない範囲内において政令で定める日

2　「公布の日から起算して1年6月を超えない範囲内において政令で定める日」

　本改正法については、下位法令^{（注）}の改正や新設する第2章第6節（是正措置計画の認定等）に係る運用基準の新規策定の準備等が必要である。また、景品表示法は、事業者が行う表示に関する一般法であることから、自己の供給する商品又は役務の取引についての

表示を行う全ての事業者に対し罰則を含め改正内容を周知する必要があるため、相応の施行準備期間が必要である。そこで、原則として、公布の日から起算して 1 年 6 月を超えない範囲内において政令で定める日を施行期日としている。

ただし、以下の 3 及び 4 は、別途の施行期日を定めることとしている。

(注) 不当景品類及び不当表示防止法施行規則（平成 28 年内閣府令第 6 号）等。

3 「公布の日」

附則第 4 条（経過措置を政令で定める旨の委任規定）は、公布の日即ち、令和 5 年 5 月 17 日を施行期日としている。

4 「公布の日から起算して 3 年を超えない範囲内において政令で定める日」

弁明の機会の付与の通知のデジタル化（書面掲示規制の電子化）については、令和 4 年に改正された民事訴訟法（以下「令和 4 年改正民事訴訟法」という。）のうちデジタル化の事項に関する施行期日（公布(注)から 4 年以内）と平仄を合わせる必要がある。そこで、本改正法では公布の日から起算して 3 年を超えない範囲内において政令で定める日を施行期日としている。

(注) 令和 4 年改正民事訴訟法は令和 4 年 5 月 25 日に公布されている。

附則第 2 条（経過措置）

第二条 この法律による改正後の不当景品類及び不当表示防止法（次条において「新法」という。）第八条第四項から第六項までの規定は、不当景品類及び不当表示防止法第八条第一項に規定する課徴金対象行

為（以下この条において「課徴金対象行為」という。）であって、この法律の施行の日（以下この条及び附則第八条において「施行日」という。）前に開始し施行日以後もやめていないもの及び施行日以後に開始するものについての課徴金の額（施行日前に開始し施行日以後もやめていない課徴金対象行為にあっては、施行日以後の課徴金対象行為に対応する部分に限る。）の算定について適用する。

解　説

1　改正の趣旨

課徴金対象行為についての課徴金の額の計算について、新法と、現行法の適用関係を整理するため、必要な経過措置を設けることとしている。

2　課徴金対象行為に係る商品又は役務の売上額の推計について

新法第8条第4項は、課徴金対象行為に係る商品又は役務の売上額を推計するものである。かかる改正は課徴金の算定方法に関するものであるところ、当該改正は違反行為をした事業者にとって不利益な変更となるものであるから、経過措置を規定する必要がある（私的独占の禁止及び公正取引の確保に関する法律の一部を改正する法律（令和元年法律第45号。以下「令和元年改正独占禁止法」という。）附則第6条参照）。

そこで、第8条第1項に規定する課徴金対象行為（以下「課徴金対象行為」という。）であって、

①　この法律の施行の日（以下この条及び附則第8条において「施行日」という。）前に開始し、施行日以後もやめていないもの

②　施行日以後に開始するもの

についての課徴金の額（①の施行日前に開始し、施行日以後もやめて

いない課徴金対象行為にあっては、施行日以後の課徴金対象行為に対応
する部分に限る。）は、新法第 8 条第 4 項を適用した計算方法を用い
て計算する（すなわち、推計規定を適用する。）。

3　課徴金の額の加算について

新法第 8 条第 5 項及び第 6 項は、違反行為を繰り返し行う事業者
に対する課徴金算定率を割り増すものである。2 と同様に、かかる
改正は課徴金の算定方法に関するものであるところ、当該改正は違
反行為をした事業者にとって不利益な変更となるものであるから、
同様に経過措置を規定する必要がある。そこで、2 と同様の扱いと
する。

具体的には、課徴金対象行為であって、

①　施行日前に開始し、施行日以後もやめていないもの
②　施行日以後に開始するもの

についての課徴金の額（①の施行日前に開始し、施行日以後もやめて
いない課徴金対象行為にあっては、施行日以後の課徴金対象行為に対応
する部分に限る。）は、新法第 8 条第 5 項及び第 6 項を適用した計算
方法を用いて計算する（すなわち、違反行為を繰り返し行う事業者に
対する課徴金算定率の割増しがある。）。

4　小括

以上を踏まえ、附則第 2 条において、2 及び 3 についての課徴金
の額の計算について経過措置を規定することとした。

附則第3条

第三条 附則第一条第二号に掲げる規定の施行の日の前日までの間における新法第四十四条第二項及び第三項の規定の適用については、同条第二項中「内閣府令で定める方法により不特定多数の者が閲覧することができる状態に置くとともに、その旨が記載された書面を消費者庁の掲示場に掲示し、又はその旨を消費者庁の事務所に設置した電子計算機の映像面に表示したものを閲覧することができる状態に置く措置をとる」とあるのは「消費者庁の掲示場に掲示する」と、同条第三項中「措置をとつた」とあるのは「掲示を始めた」とする。

解 説

1 改正の趣旨

新法第44条第2項及び第3項においては、公示送達のデジタル化（書面掲示規制の電子化）に関する改正がなされているが、この項目については、令和4年改正民事訴訟法のうちデジタル化の事項に関する施行期日（公布から4年以内）と平仄を合わせる必要がある。そこで、附則第3条では、附則第1条第2号に定める日の前日までにおける新法第44条第2項及び第3項の公示送達のデジタル化（書面掲示規制の電子化）に関する項目については読み戻しを行う旨を規定している。

附則第4条（政令への委任）

第四条 前二条に定めるもののほか、この法律の施行に伴い必要な経過措置（罰則に関する経過措置を含む。）は、政令で定める。

解　説

1　改正の趣旨

　附則第4条は、本改正法の附則で規定する経過措置のほかにも経過措置が必要になった場合に備え、本改正法の施行に関し必要な経過措置は、罰則に関するものも含めて政令で定める旨を規定している。

附則第5条（検討）

> 第五条　政府は、この法律の施行後五年を経過した場合において、この法律による改正後の規定の施行の状況について検討を加え、必要があると認めるときは、その結果に基づいて必要な措置を講ずるものとする。

解　説

1　改正の趣旨

　附則第5条は、政府が、施行日から5年を経過した場合において、本改正法による改正後の規定の施行の状況について検討を加え、必要があると認めるときは、その結果に基づいて必要な措置を講ずる旨を規定している。

他法律の改正等

附則第6条（消費者契約法の一部改正）

> 第六条　消費者契約法（平成十二年法律第六十一号）の一部を次のように改正する。
> 　第十二条の二第一項及び第四十三条第二項第二号中「第三十条第一項」を「第三十四条第一項」に改める。

附則第7条（民事訴訟法等の一部を改正する法律の一部改正）

第七条　民事訴訟法等の一部を改正する法律（令和四年法律第四十八号）の一部を次のように改正する。

　　附則第五十七条のうち不当景品類及び不当表示防止法第二十二条の改正規定を次のように改める。

　　第四十三条を次のように改める。

　　（送達に関する民事訴訟法の準用）

第四十三条　書類の送達については、民事訴訟法（平成八年法律第百九号）第百条第一項、第百一条、第百二条の二、第百三条、第百五条、第百六条、第百七条第一項（第一号に係る部分に限る。次条第一項第二号において同じ。）及び第三項並びに第百八条の規定を準用する。この場合において、同法第百条第一項中「裁判所」とあり、及び同法第百八条中「裁判長」とあるのは「内閣総理大臣」と、同法第百一条第一項中「執行官」とあり、及び同法第百七条第一項中「裁判所書記官」とあるのは「消費者庁の職員」と、同項中「最高裁判所規則」とあるのは「内閣府令」と読み替えるものとする。

　　附則第五十七条のうち不当景品類及び不当表示防止法第二十四条の改正規定中「第二十四条」を「第四十五条」に改める。

附則第8条（調整規定）

第八条　施行日が刑法等の一部を改正する法律の施行に伴う関係法律の整理等に関する法律（令和四年法律第六十八号）の施行の日前である場合には、同法第百三十八条第二号中「第三十六条及び第三十七条」とあるのは、「第四十六条及び第四十七条」とする。

解　説

1　改正の趣旨

　本改正法による景品表示法の改正に伴い、他法律についての所要の改正等を行うものである。

2　消費者契約法の一部改正

　消費者契約法第 12 条の 2 第 1 項及び第 43 条第 2 項第 2 号では、現行法第 30 条第 1 項が引用されているところ、本改正法による条ずれ処理を反映するための改正を行うものである。

3　民事訴訟法等の一部を改正する法律の一部改正

　民事訴訟法等の一部を改正する法律附則第 57 条では、現行法第 22 条及び第 24 条が引用されているところ、本改正法による条ずれ処理を反映するための改正を行い、また、新法において付郵便送達に係る規定を導入することから、それに伴う所要の改正を行うものである。

4　調整規定

　刑法等の一部を改正する法律の施行に伴う関係法律の整理等に関する法律（令和 4 年法律第 68 号）第 138 条第 2 号では、現行法第 36 条及び第 37 条が引用されているところ、本改正法による条ずれが生じ得ることから、調整規定を設けるものである。

第3部

資　　料

■資料 1-1■　本改正法

　　　　不当景品類及び不当表示防止法の一部を改正する法律
　不当景品類及び不当表示防止法（昭和三十七年法律第百三十四号）の
一部を次のように改正する。
　目次中「第二十五条」を「第二十一条」に、「第二十六条─第二十八
条」を「第二十二条─第二十四条」に、「第五節　報告の徴収及び立入検
査等（第二十九条）」を「第五節　報告の徴収及び立入検査等（第二十五
　　　　　　　　　　　　　　第六節　是正措置計画の認定等（第二十六条─
条）
第三十三条）」に、「差止請求権等」を「差止請求等」に、「第三十条」を
「第三十四条・第三十五条」に、「第三十一条・第三十二条」を「第
三十六条・第三十七条」に、「第三十三条─第三十五条」を「第三十八条
─第四十五条」に、「第三十六条─第四十一条」を「第四十六条─第
五十二条」に改める。
　第二条第一項中「第三十一条」を「第三十六条」に改め、同条第二項
ただし書中「第四十条」を「第五十一条」に改める。
　第七条第二項中「命令」の下に「（以下「措置命令」という。）」を加
え、同条に次の一項を加える。
3　措置命令は、措置命令書の謄本を送達して行う。
　第八条に次の三項を加える。
4　第一項の規定により課徴金の納付を命ずる場合において、当該事業
　者が当該課徴金対象行為に係る課徴金の計算の基礎となるべき事実に
　ついて第二十五条第一項の規定による報告を求められたにもかかわら
　ずその報告をしないときは、内閣総理大臣は、当該事業者に係る課徴
　金対象期間のうち当該事実の報告がされず課徴金の計算の基礎となる
　べき事実を把握することができない期間における第一項に定める売上
　額を、当該事業者又は当該課徴金対象行為に係る商品若しくは役務を
　供給する他の事業者若しくは当該商品若しくは役務の供給を受ける他
　の事業者から入手した資料その他の資料を用いて、内閣府令で定める
　合理的な方法により推計して、課徴金の納付を命ずることができる。
5　事業者が、基準日から遡り十年以内に、課徴金納付命令（当該課徴
　金納付命令が確定している場合に限る。）を受けたことがあり、かつ、

当該課徴金納付命令の日以後において課徴金対象行為をしていた者であるときにおける第一項の規定の適用については、同項中「百分の三」とあるのは、「百分の四・五」とする。

6　前項に規定する「基準日」とは、同項に規定する課徴金対象行為に係る事案について、次に掲げる行為が行われた日のうち最も早い日をいう。

一　報告徴収等（第二十五条第一項の規定による報告の徴収、帳簿書類その他の物件の提出の命令、立入検査又は質問をいう。第十二条第四項において同じ。）

二　第三項の規定による資料の提出の求め

三　第十五条第一項の規定による通知

第九条中「前条第一項」の下に「（同条第五項の規定により読み替えて適用する場合を含む。以下この節において同じ。）」を加え、「同項」を「同条第一項」に改める。

第十条第一項中「金銭」の下に「（資金決済に関する法律（平成二十一年法律第五十九号）第三条第七項に規定する第三者型発行者が発行する同条第一項第一号の前払式支払手段その他内閣府令で定めるものであつて、金銭と同様に通常使用することができるものとして内閣府令で定める基準に適合するもの（以下この項において「金銭以外の支払手段」という。）を含む。以下この条及び次条第二項において同じ。）」を、「交付する措置（」の下に「金銭以外の支払手段を交付する措置にあつては、当該金銭以外の支払手段の交付を承諾した者に対し行うものに限る。」を加える。

第十一条第二項中「を第八条第一項」の下に「若しくは第四項」を加える。

第十二条第一項及び第二項中「第八条第一項」の下に「若しくは第四項」を加え、同条第四項中「（第二十九条第一項の規定による報告の徴収、帳簿書類その他の物件の提出の命令、立入検査又は質問をいう。以下この項において同じ。）」を削り、同条第六項中「及び第三項並びに」を「から第六項まで及び」に改める。

第十五条第二項中「を消費者庁の事務所の掲示場に掲示する」を「（以下この項において「公示事項」という。）を内閣府令で定める方法により

不特定多数の者が閲覧することができる状態に置くとともに、公示事項が記載された書面を消費者庁の掲示場に掲示し、又は公示事項を消費者庁の事務所に設置した電子計算機の映像面に表示したものを閲覧することができる状態に置く措置をとる」に、「掲示を始めた」を「当該措置をとつた」に改める。

第二十一条から第二十四条までを削る。

第二十五条を第二十一条とし、第二章第四節中第二十六条を第二十二条とし、第二十七条を第二十三条とする。

第二十八条第一項中「第二十六条第一項」を「第二十二条第一項」に改め、同条を第二十四条とする。

第二十九条第一項中「第七条第一項の規定による命令、課徴金納付命令又は前条第一項の規定による勧告を行う」を「この法律を施行する」に改め、第二章第五節中同条を第二十五条とする。

第四十一条中「第三十条第三項」を「第三十四条第三項」に改め、同条を第五十二条とする。

第四十条第一項中「第三十六条第一項」を「第四十六条第一項」に改め、同条を第五十一条とする。

第三十九条中「第三十六条第一項」を「第四十六条第一項」に改め、同条を第五十条とする。

第三十八条第一項第一号中「第三十六条第一項」を「第四十六条第一項」に改め、同項第二号中「前条同条」を「前二条　各本条」に改め、同条第二項中「次の各号」を「前項各号」に改め、同項各号を削り、同条を第四十九条とする。

第三十七条中「第二十九条第一項」を「第二十五条第一項」に、「者は」を「ときは、当該違反行為をした者は」に改め、同条を第四十七条とし、同条の次に次の一条を加える。

第四十八条　次の各号のいずれかに該当する場合には、当該違反行為をした者は、百万円以下の罰金に処する。

一　自己の供給する商品又は役務の取引における当該商品又は役務の品質、規格その他の内容について、実際のもの又は当該事業者と同種若しくは類似の商品若しくは役務を供給している他の事業者に係るものよりも著しく優良であると一般消費者を誤認させるような表

示をしたとき。

二　自己の供給する商品又は役務の取引における当該商品又は役務の
価格その他の取引条件について、実際のもの又は当該事業者と同種
若しくは類似の商品若しくは役務を供給している他の事業者に係る
ものよりも取引の相手方に著しく有利であると一般消費者を誤認さ
せるような表示をしたとき。

第三十六条第一項中「第七条第一項の規定による命令」を「措置命令」
に、「者は」を「ときは、当該違反行為をした者は」に改め、同条を第
四十六条とする。

第五章中第三十五条を第四十条とし、同条の次に次の五条を加える。

（外国執行当局への情報提供）

第四十一条　内閣総理大臣は、この法律に相当する外国の法令を執行す
る外国の当局（次項及び第三項において「外国執行当局」という。）に
対し、その職務（この法律に規定する職務に相当するものに限る。次
項において同じ。）の遂行に資すると認める情報の提供を行うことがで
きる。

2　前項の規定による情報の提供については、当該情報が当該外国執行
当局の職務の遂行以外に使用されず、かつ、次項の同意がなければ外
国の刑事事件の捜査（その対象たる犯罪事実が特定された後のものに
限る。）又は審判（同項において「捜査等」という。）に使用されない
よう適切な措置がとられなければならない。

3　内閣総理大臣は、外国執行当局からの要請があつたときは、次の各
号のいずれかに該当する場合を除き、第一項の規定により提供した情
報を当該要請に係る外国（第三号において「要請国」という。）の刑事
事件の捜査等に使用することについて同意をすることができる。

一　当該要請に係る刑事事件の捜査等の対象とされている犯罪が政治
犯罪であるとき、又は当該要請が政治犯罪について捜査等を行う目
的で行われたものと認められるとき。

二　当該要請に係る刑事事件の捜査等の対象とされている犯罪に係る
行為が日本国内において行われたとした場合において、その行為が
日本国の法令によれば罪に当たるものでないとき。

三　日本国が行う同種の要請に応ずる旨の要請国の保証がないとき。

4 内閣総理大臣は、前項の同意をする場合においては、あらかじめ、同項第一号及び第二号に該当しないことについて法務大臣の確認を、同項第三号に該当しないことについて外務大臣の確認を、それぞれ受けなければならない。

（送達書類）

第四十二条 送達すべき書類は、この法律に規定するもののほか、内閣府令で定める。

（送達に関する民事訴訟法の準用）

第四十三条 書類の送達については、民事訴訟法（平成八年法律第百九号）第九十九条、第百一条、第百三条、第百五条、第百六条、第百七条第一項（第一号に係る部分に限る。次条第一項第二号において同じ。）及び第三項、第百八条並びに第百九条の規定を準用する。この場合において、同法第九十九条第一項中「執行官」とあり、及び同法第百七条第一項中「裁判所書記官」とあるのは「消費者庁の職員」と、同項中「最高裁判所規則」とあるのは「内閣府令」と、同法第百八条中「裁判長」とあり、及び同法第百九条中「裁判所」とあるのは「内閣総理大臣」と読み替えるものとする。

（公示送達）

第四十四条 内閣総理大臣は、次に掲げる場合には、公示送達をすることができる。

一 送達を受けるべき者の住所、居所その他送達をすべき場所が知れない場合

二 前条において読み替えて準用する民事訴訟法第百七条第一項の規定により送達をすることができない場合

三 外国においてすべき送達について、前条において読み替えて準用する民事訴訟法第百八条の規定によることができず、又はこれによつても送達をすることができないと認めるべき場合

四 前条において読み替えて準用する民事訴訟法第百八条の規定により外国の管轄官庁に嘱託を発した後六月を経過してもその送達を証する書面の送付がない場合

2 公示送達は、送達すべき書類を送達を受けるべき者にいつでも交付すべき旨を内閣府令で定める方法により不特定多数の者が閲覧するこ

とができる状態に置くとともに、その旨が記載された書面を消費者庁の掲示場に掲示し、又はその旨を消費者庁の事務所に設置した電子計算機の映像面に表示したものを閲覧することができる状態に置く措置をとることにより行う。

3　公示送達は、前項の規定による措置をとつた日から二週間を経過することによつて、その効力を生ずる。

4　外国においてすべき送達についてした公示送達にあつては、前項の期間は、六週間とする。

（電子情報処理組織の使用）

第四十五条　消費者庁の職員が、情報通信技術を活用した行政の推進等に関する法律（平成十四年法律第百五十一号）第三条第九号に規定する処分通知等であつてこの法律又は内閣府令の規定により書類を送達して行うこととしているものに関する事務を、情報通信技術を活用した行政の推進等に関する法律第七条第一項の規定により同法第六条第一項に規定する電子情報処理組織を使用して行つたときは、第四十三条において読み替えて準用する民事訴訟法第百九条の規定による送達に関する事項を記載した書面の作成及び提出に代えて、当該事項を当該電子情報処理組織を使用して消費者庁の使用に係る電子計算機（入出力装置を含む。）に備えられたファイルに記録しなければならない。

　第三十四条第二項中「第三十二条」を「第三十七条」に、「第三十一条第一項」を「第三十六条第一項」に改め、同条を第三十九条とする。

　第三十三条第三項中「第七条第一項の規定による命令」を「措置命令」に、「第二十八条第一項」を「第二十四条第一項」に、「第二十九条第一項」を「第二十五条第一項」に改め、同条を第三十八条とする。

　第四章中第三十二条を第三十七条とし、第三十一条を第三十六条とする。

　第三十条に見出しとして「（差止請求権等）」を付し、同条第一項中「この条及び第四十一条において単に」を削り、第三章中同条を第三十四条とし、同条の次に次の一条を加える。

（資料開示要請等）

第三十五条　適格消費者団体は、事業者が現にする表示が前条第一項第一号に規定する表示に該当すると疑うに足りる相当な理由があるとき

は、内閣府令で定めるところにより、当該事業者に対し、その理由を示して、当該事業者のする表示の裏付けとなる合理的な根拠を示す資料を開示するよう要請することができる。

2　事業者は、前項の資料に営業秘密（不正競争防止法（平成五年法律第四十七号）第二条第六項に規定する営業秘密をいう。）が含まれる場合その他の正当な理由がある場合を除き、前項の規定による要請に応じるよう努めなければならない。

第三章の章名中「差止請求権等」を「差止請求等」に改める。

第二章に次の一節を加える。

　　　第六節　是正措置計画の認定等

（継続中の違反被疑行為に係る通知）

第二十六条　内閣総理大臣は、第四条の規定による制限若しくは禁止又は第五条の規定に違反する行為があると疑うに足りる事実がある場合において、その疑いの理由となつた行為について、一般消費者による自主的かつ合理的な商品及び役務の選択を確保する上で必要があると認めるときは、当該疑いの理由となつた行為をしている者に対し、次に掲げる事項を書面により通知することができる。ただし、措置命令に係る行政手続法第三十条の規定による通知又は第十五条第一項の規定による通知をした後は、この限りでない。

一　当該疑いの理由となつた行為の概要

二　違反する疑いのある法令の条項

三　次条第一項の規定による認定の申請をすることができる旨

（是正措置計画に係る認定の申請等）

第二十七条　前条の規定による通知を受けた者は、疑いの理由となつた行為及びその影響を是正するために必要な措置を自ら策定し、実施しようとするときは、内閣府令で定めるところにより、その実施しようとする措置（以下この条及び第二十九条第一項第一号において「是正措置」という。）に関する計画（以下この条及び同号において「是正措置計画」という。）を作成し、これを当該通知を受けた日から六十日以内に内閣総理大臣に提出して、その認定を申請することができる。

2　是正措置計画には、次に掲げる事項を記載しなければならない。

一　是正措置の内容

　二　是正措置の実施期限

　三　その他内閣府令で定める事項

3　内閣総理大臣は、第一項の規定による認定の申請があつた場合において、その是正措置計画が次の各号のいずれにも適合すると認めるときは、その認定をするものとする。

　一　是正措置が疑いの理由となつた行為及びその影響を是正するために十分なものであること。

　二　是正措置が確実に実施されると見込まれるものであること。

4　前項の認定は、文書によつて行わなければならない。

5　第三項の認定は、その名宛人に認定書の謄本を送達することによつて、その効力を生ずる。

6　内閣総理大臣は、第一項の規定による認定の申請があつた場合において、その是正措置計画が第三項各号のいずれかに適合しないと認めるときは、これを却下しなければならない。

7　第四項及び第五項の規定は、前項の規定による処分について準用する。この場合において、第五項中「認定書」とあるのは、「不認定書」と読み替えるものとする。

8　第三項の認定を受けた者は、当該認定に係る是正措置計画を変更しようとするときは、内閣府令で定めるところにより、内閣総理大臣の認定を受けなければならない。

9　第三項から第七項までの規定は、前項の変更の認定について準用する。

　（是正措置計画に係る認定の効果）

第二十八条　第七条第一項及び第八条第一項の規定は、内閣総理大臣が前条第三項の認定（同条第八項の変更の認定を含む。次条において同じ。）をした場合における当該認定に係る疑いの理由となつた行為については、適用しない。ただし、次条第一項の規定による当該認定の取消しがあつた場合は、この限りでない。

　（是正措置計画に係る認定の取消し等）

第二十九条　内閣総理大臣は、次の各号のいずれかに該当するときは、第二十七条第三項の認定を取り消さなければならない。

　一　第二十七条第三項の認定を受けた是正措置計画に従つて是正措置

が実施されていないと認めるとき。

二　第二十七条第三項の認定を受けた者が虚偽又は不正の事実に基づいて当該認定を受けたことが判明したとき。

2　第二十七条第四項及び第五項の規定は、前項の規定による同条第三項の認定の取消しについて準用する。この場合において、同条第五項中「認定書」とあるのは、「取消書」と読み替えるものとする。

3　第一項の規定による第二十七条第三項の認定の取消しがあつた場合において、当該取消しが第十二条第七項に規定する期間の満了する日の二年前の日以後にあつたときは、当該認定に係る疑いの理由となつた行為に対する課徴金納付命令は、同項の規定にかかわらず、当該取消しの日から二年間においても、することができる。

（既往の違反被疑行為に係る通知）

第三十条　内閣総理大臣は、第四条の規定による制限若しくは禁止又は第五条の規定に違反する行為があると疑うに足りる事実が既になくなつている場合においても、その疑いの理由となつた行為について、一般消費者による自主的かつ合理的な商品及び役務の選択を確保する上で必要があると認めるときは、第一号に掲げる者に対し、第二号に掲げる事項を書面により通知することができる。ただし、措置命令に係る行政手続法第三十条の規定による通知又は第十五条第一項の規定による通知をした後は、この限りでない。

一　次に掲げる者

イ　当該疑いの理由となつた行為をした者

ロ　当該疑いの理由となつた行為をした者が法人である場合において、当該法人が合併により消滅したときにおける合併後存続し、又は合併により設立された法人

ハ　当該疑いの理由となつた行為をした者が法人である場合において、当該法人から分割により当該疑いの理由となつた行為に係る事業の全部又は一部を承継した法人

ニ　当該疑いの理由となつた行為をした者から当該疑いの理由となつた行為に係る事業の全部又は一部を譲り受けた者

二　次に掲げる事項

イ　当該疑いの理由となつた行為の概要

　　ロ　違反する疑いのあつた法令の条項

　　ハ　次条第一項の規定による認定の申請をすることができる旨

　（影響是正措置計画に係る認定の申請等）

第三十一条　前条の規定による通知を受けた者は、疑いの理由となつた行為による影響を是正するために必要な措置を自ら策定し、実施しようとするときは、内閣府令で定めるところにより、その実施しようとする措置（以下この条及び第三十三条第一項第一号において「影響是正措置」という。）に関する計画（以下この条及び同号において「影響是正措置計画」という。）を作成し、これを当該通知を受けた日から六十日以内に内閣総理大臣に提出して、その認定を申請することができる。

2　影響是正措置計画には、次に掲げる事項を記載しなければならない。

　一　影響是正措置の内容

　二　影響是正措置の実施期限

　三　その他内閣府令で定める事項

3　内閣総理大臣は、第一項の規定による認定の申請があつた場合において、その影響是正措置計画が次の各号のいずれにも適合すると認めるときは、その認定をするものとする。

　一　影響是正措置が疑いの理由となつた行為による影響を是正するために十分なものであること。

　二　影響是正措置が確実に実施されると見込まれるものであること。

4　第二十七条第四項及び第五項の規定は、前項の認定について準用する。

5　内閣総理大臣は、第一項の規定による認定の申請があつた場合において、その影響是正措置計画が第三項各号のいずれかに適合しないと認めるときは、これを却下しなければならない。

6　第二十七条第四項及び第五項の規定は、前項の規定による処分について準用する。この場合において、同条第五項中「認定書」とあるのは、「不認定書」と読み替えるものとする。

7　第三項の認定を受けた者は、当該認定に係る影響是正措置計画を変更しようとするときは、内閣府令で定めるところにより、内閣総理大臣の認定を受けなければならない。

8　第三項から第六項までの規定は、前項の変更の認定について準用する。

（影響是正措置計画に係る認定の効果）

第三十二条　第七条第一項及び第八条第一項の規定は、内閣総理大臣が前条第三項の認定（同条第七項の変更の認定を含む。次条において同じ。）をした場合における当該認定に係る疑いの理由となつた行為については、適用しない。ただし、次条第一項の規定による当該認定の取消しがあつた場合は、この限りでない。

（影響是正措置計画に係る認定の取消し等）

第三十三条　内閣総理大臣は、次の各号のいずれかに該当するときは、第三十一条第三項の認定を取り消さなければならない。

一　第三十一条第三項の認定を受けた影響是正措置計画に従つて影響是正措置が実施されていないと認めるとき。

二　第三十一条第三項の認定を受けた者が虚偽又は不正の事実に基づいて当該認定を受けたことが判明したとき。

2　第二十七条第四項及び第五項の規定は、前項の規定による第三十一条第三項の認定の取消しについて準用する。この場合において、第二十七条第五項中「認定書」とあるのは、「取消書」と読み替えるものとする。

3　第一項の規定による第三十一条第三項の認定の取消しがあつた場合において、当該取消しが第十二条第七項に規定する期間の満了する日の二年前の日以後にあつたときは、当該認定に係る疑いの理由となつた行為に対する課徴金納付命令は、同項の規定にかかわらず、当該取消しの日から二年間においても、することができる。

　　附　　則

（施行期日）

第一条　この法律は、公布の日から起算して一年六月を超えない範囲内において政令で定める日から施行する。ただし、次の各号に掲げる規定は、当該各号に定める日から施行する。

一　附則第四条の規定　公布の日

二　第十五条第二項の改正規定　公布の日から起算して三年を超えない範囲内において政令で定める日

（経過措置）

第二条　この法律による改正後の不当景品類及び不当表示防止法（次条において「新法」という。）第八条第四項から第六項までの規定は、不当景品類及び不当表示防止法第八条第一項に規定する課徴金対象行為（以下この条において「課徴金対象行為」という。）であって、この法律の施行の日（以下この条及び附則第八条において「施行日」という。）前に開始し施行日以後もやめていないもの及び施行日以後に開始するものについての課徴金の額（施行日前に開始し施行日以後もやめていない課徴金対象行為にあっては、施行日以後の課徴金対象行為に対応する部分に限る。）の算定について適用する。

第三条　附則第一条第二号に掲げる規定の施行の日の前日までの間における新法第四十四条第二項及び第三項の規定の適用については、同条第二項中「内閣府令で定める方法により不特定多数の者が閲覧することができる状態に置くとともに、その旨が記載された書面を消費者庁の掲示場に掲示し、又はその旨を消費者庁の事務所に設置した電子計算機の映像面に表示したものを閲覧することができる状態に置く措置をとる」とあるのは「消費者庁の掲示場に掲示する」と、同条第三項中「措置をとつた」とあるのは「掲示を始めた」とする。

（政令への委任）

第四条　前二条に定めるもののほか、この法律の施行に伴い必要な経過措置（罰則に関する経過措置を含む。）は、政令で定める。

（検討）

第五条　政府は、この法律の施行後五年を経過した場合において、この法律による改正後の規定の施行の状況について検討を加え、必要があると認めるときは、その結果に基づいて必要な措置を講ずるものとする。

（消費者契約法の一部改正）

第六条　消費者契約法（平成十二年法律第六十一号）の一部を次のように改正する。

　　第十二条の二第一項及び第四十三条第二項第二号中「第三十条第一項」を「第三十四条第一項」に改める。

（民事訴訟法等の一部を改正する法律の一部改正）

第七条　民事訴訟法等の一部を改正する法律（令和四年法律第四十八号）の一部を次のように改正する。

　　附則第五十七条のうち不当景品類及び不当表示防止法第二十二条の改正規定を次のように改める。

　　　第四十三条を次のように改める。

　　（送達に関する民事訴訟法の準用）

　　第四十三条　書類の送達については、民事訴訟法（平成八年法律第百九号）第百条第一項、第百一条、第百二条の二、第百三条、第百五条、第百六条、第百七条第一項（第一号に係る部分に限る。次条第一項第二号において同じ。）及び第三項並びに第百八条の規定を準用する。この場合において、同法第百条第一項中「裁判所」とあり、及び同法第百八条中「裁判長」とあるのは「内閣総理大臣」と、同法第百一条第一項中「執行官」とあり、及び同法第百七条第一項中「裁判所書記官」とあるのは「消費者庁の職員」と、同項中「最高裁判所規則」とあるのは「内閣府令」と読み替えるものとする。

　　附則第五十七条のうち不当景品類及び不当表示防止法第二十四条の改正規定中「第二十四条」を「第四十五条」に改める。

　（調整規定）

第八条　施行日が刑法等の一部を改正する法律の施行に伴う関係法律の整理等に関する法律（令和四年法律第六十八号）の施行の日前である場合には、同法第百三十八条第二号中「第三十六条及び第三十七条」とあるのは、「第四十六条及び第四十七条」とする。

資料1-2　新旧対照表

○不当景品類及び不当表示防止法（昭和三十七年法律第百三十四号）
（本則関係）

（下線部分は改正部分）

改　正　後	改　正　前
目次 　第一章　（略） 　第二章　景品類及び表示に関する規制 　　第一節・第二節　（略） 　　第三節　課徴金（第八条―第二十一条） 　　第四節　景品類の提供及び表示の管理上の措置（第二十二条―第二十四条） 　　第五節　報告の徴収及び立入検査等（第二十五条） 　　第六節　是正措置計画の認定等（第二十六条―第三十三条） 　第三章　適格消費者団体の差止請求等（第三十四条・第三十五条） 　第四章　協定又は規約（第三十六条・第三十七条） 　第五章　雑則（第三十八条―第四十五条） 　第六章　罰則（第四十六条―第五十二条） 　附則 （定義） 第二条　この法律で「事業者」とは、商業、工業、金融業その他の事業を行う者をいい、当該事業を行う者の利益のためにする行為を行う役員、従業員、代理人その他	目次 　第一章　（略） 　第二章　景品類及び表示に関する規制 　　第一節・第二節　（略） 　　第三節　課徴金（第八条―第二十五条） 　　第四節　景品類の提供及び表示の管理上の措置（第二十六条―第二十八条） 　　第五節　報告の徴収及び立入検査等（第二十九条） 　第三章　適格消費者団体の差止請求権等（第三十条） 　第四章　協定又は規約（第三十一条・第三十二条） 　第五章　雑則（第三十三条―第三十五条） 　第六章　罰則（第三十六条―第四十一条） 　附則 （定義） 第二条　この法律で「事業者」とは、商業、工業、金融業その他の事業を行う者をいい、当該事業を行う者の利益のためにする行為を行う役員、従業員、代理人その他

の者は、次項及び第三十六条の規定の適用については、これを当該事業者とみなす。

2 この法律で「事業者団体」とは、事業者としての共通の利益を増進することを主たる目的とする二以上の事業者の結合体又はその連合体をいい、次に掲げる形態のものを含む。ただし、二以上の事業者の結合体又はその連合体であつて、資本又は構成事業者（事業者団体の構成員である事業者をいう。第五十一条において同じ。）の出資を有し、営利を目的として商業、工業、金融業その他の事業を営むことを主たる目的とし、かつ、現にその事業を営んでいるものを含まないものとする。

一～三 （略）

3・4 （略）

第二節 措置命令

第七条 （略）

2 内閣総理大臣は、前項の規定による命令（以下「措置命令」という。）に関し、事業者がした表示が第五条第一号に該当するか否かを判断するため必要があると認めるときは、当該表示をした事業者に対し、期間を定めて、当該表示の裏付けとなる合理的な根拠を示す資料の提出を求めることができる。この場合において、当該事業者が当該資料を提出しないときは、同項の規定の適用については、当該表示は同号に該当する表示とみなす。

3 措置命令は、措置命令書の謄本

の者は、次項及び第三十一条の規定の適用については、これを当該事業者とみなす。

2 この法律で「事業者団体」とは、事業者としての共通の利益を増進することを主たる目的とする二以上の事業者の結合体又はその連合体をいい、次に掲げる形態のものを含む。ただし、二以上の事業者の結合体又はその連合体であつて、資本又は構成事業者（事業者団体の構成員である事業者をいう。第四十条において同じ。）の出資を有し、営利を目的として商業、工業、金融業その他の事業を営むことを主たる目的とし、かつ、現にその事業を営んでいるものを含まないものとする。

一～三 （略）

3・4 （略）

第二節 措置命令

第七条 （略）

2 内閣総理大臣は、前項の規定による命令に関し、事業者がした表示が第五条第一号に該当するか否かを判断するため必要があると認めるときは、当該表示をした事業者に対し、期間を定めて、当該表示の裏付けとなる合理的な根拠を示す資料の提出を求めることができる。この場合において、当該事業者が当該資料を提出しないときは、同項の規定の適用については、当該表示は同号に該当する表示とみなす。

（新設）

を送達して行う。

<table>
<tr><td>第三節　課徴金</td><td>第三節　課徴金</td></tr>
</table>

（課徴金納付命令）

第八条　（略）

2・3　（略）

4　第一項の規定により課徴金の納付を命ずる場合において、当該事業者が当該課徴金対象行為に係る課徴金の計算の基礎となるべき事実について第二十五条第一項の規定による報告を求められたにもかかわらずその報告をしないときは、内閣総理大臣は、当該事業者に係る課徴金対象期間のうち当該事実の報告がされず課徴金の計算の基礎となるべき事実を把握することができない期間における第一項に定める売上額を、当該事業者又は当該課徴金対象行為に係る商品若しくは役務を供給する他の事業者若しくは当該商品若しくは役務の供給を受ける他の事業者から入手した資料その他の資料を用いて、内閣府令で定める合理的な方法により推計して、課徴金の納付を命ずることができる。

5　事業者が、基準日から遡り十年以内に、課徴金納付命令（当該課徴金納付命令が確定している場合に限る。）を受けたことがあり、かつ、当該課徴金納付命令の日以後において課徴金対象行為をしていた者であるときにおける第一項の規定の適用については、同項中「百分の三」とあるのは、「百分の四・五」とする。

6　前項に規定する「基準日」と

（課徴金納付命令）

第八条　（略）

2・3　（略）

（新設）

（新設）

（新設）

は、同項に規定する課徴金対象行
為に係る事案について、次に掲げ
る行為が行われた日のうち最も早
い日をいう。
一　報告徴収等（第二十五条第一
　項の規定による報告の徴収、帳
　簿書類その他の物件の提出の命
　令、立入検査又は質問をいう。
　第十二条第四項において同じ。）
二　第三項の規定による資料の提
　出の求め
三　第十五条第一項の規定による
　通知

（課徴金対象行為に該当する事実
の報告による課徴金の額の減額）
第九条　前条第一項（同条第五項の
　規定により読み替えて適用する場
　合を含む。以下この節において同
　じ。）の場合において、内閣総理
　大臣は、当該事業者が課徴金対象
　行為に該当する事実を内閣府令で
　定めるところにより内閣総理大臣
　に報告したときは、同条第一項の
　規定により計算した課徴金の額に
　百分の五十を乗じて得た額を当該
　課徴金の額から減額するものとす
　る。ただし、その報告が、当該課
　徴金対象行為についての調査があ
　つたことにより当該課徴金対象行
　為について課徴金納付命令がある
　べきことを予知してされたもので
　あるときは、この限りでない。

（返金措置の実施による課徴金の
　額の減額等）
第十条　第十五条第一項の規定によ
　る通知を受けた者は、第八条第二
　項に規定する課徴金対象期間にお

（課徴金対象行為に該当する事実
の報告による課徴金の額の減額）
第九条　前条第一項の場合におい
　て、内閣総理大臣は、当該事業者
　が課徴金対象行為に該当する事実
　を内閣府令で定めるところにより
　内閣総理大臣に報告したときは、
　同項の規定により計算した課徴金
　の額に百分の五十を乗じて得た額
　を当該課徴金の額から減額するも
　のとする。ただし、その報告が、
　当該課徴金対象行為についての調
　査があつたことにより当該課徴金
　対象行為について課徴金納付命令
　があるべきことを予知してされた
　ものであるときは、この限りでな
　い。

（返金措置の実施による課徴金の
　額の減額等）
第十条　第十五条第一項の規定によ
　る通知を受けた者は、第八条第二
　項に規定する課徴金対象期間にお

いて当該商品又は役務の取引を行つた一般消費者であつて政令で定めるところにより特定されているものからの申出があつた場合に、当該申出をした一般消費者の取引に係る商品又は役務の政令で定める方法により算定した購入額に百分の三を乗じて得た額以上の金銭（資金決済に関する法律（平成二十一年法律第五十九号）第三条第七項に規定する第三者型発行者が発行する同条第一項第一号の前払式支払手段その他内閣府令で定めるものであつて、金銭と同様に通常使用することができるものとして内閣府令で定める基準に適合するもの（以下この項において「金銭以外の支払手段」という。）を含む。以下この条及び次条第二項において同じ。）を交付する措置（金銭以外の支払手段を交付する措置にあつては、当該金銭以外の支払手段の交付を承諾した者に対し行うものに限る。以下この条及び次条において「返金措置」という。）を実施しようとするときは、内閣府令で定めるところにより、その実施しようとする返金措置（以下この条において「実施予定返金措置」という。）に関する計画（以下この条において「実施予定返金措置計画」という。）を作成し、これを第十五条第一項に規定する弁明書の提出期限までに内閣総理大臣に提出して、その認定を受けることができる。

2 〜 10 　（略）

第十一条　（略）

いて当該商品又は役務の取引を行つた一般消費者であつて政令で定めるところにより特定されているものからの申出があつた場合に、当該申出をした一般消費者の取引に係る商品又は役務の政令で定める方法により算定した購入額に百分の三を乗じて得た額以上の金銭を交付する措置（以下この条及び次条において「返金措置」という。）を実施しようとするときは、内閣府令で定めるところにより、その実施しようとする返金措置（以下この条において「実施予定返金措置」という。）に関する計画（以下この条において「実施予定返金措置計画」という。）を作成し、これを第十五条第一項に規定する弁明書の提出期限までに内閣総理大臣に提出して、その認定を受けることができる。

2 〜 10 　（略）

第十一条　（略）

2　内閣総理大臣は、第八条第一項
　の場合において、前項の規定によ
　る報告に基づき、前条第一項の認
　定後に実施された返金措置が認定
　実施予定返金措置計画に適合して
　実施されたと認めるときは、当該
　返金措置（当該認定実施予定返金
　措置計画に同条第三項に規定する
　事項が記載されている場合又は同
　条第四項の規定による報告がされ
　ている場合にあつては、当該記載
　又は報告に係る返金措置を含む。）
　において交付された金銭の額とし
　て内閣府令で定めるところにより
　計算した額を第八条第一項<u>若しく
　は第四項又は第九条の規定により</u>
　計算した課徴金の額から減額する
　ものとする。この場合において、
　当該内閣府令で定めるところによ
　り計算した額を当該課徴金の額か
　ら減額した額が零を下回るとき
　は、当該額は、零とする。
3　（略）

（課徴金の納付義務等）
第十二条　課徴金納付命令を受けた
　者は、第八条第一項<u>若しくは第四
　項</u>、第九条又は前条第二項の規定
　により計算した課徴金を納付しな
　ければならない。
2　第八条第一項<u>若しくは第四項</u>、
　第九条又は前条第二項の規定によ
　り計算した課徴金の額に一万円未
　満の端数があるときは、その端数
　は、切り捨てる。
3　（略）
4　課徴金対象行為をした事業者が
　法人である場合において、当該法
　人が当該課徴金対象行為に係る事

2　内閣総理大臣は、第八条第一項
　の場合において、前項の規定によ
　る報告に基づき、前条第一項の認
　定後に実施された返金措置が認定
　実施予定返金措置計画に適合して
　実施されたと認めるときは、当該
　返金措置（当該認定実施予定返金
　措置計画に同条第三項に規定する
　事項が記載されている場合又は同
　条第四項の規定による報告がされ
　ている場合にあつては、当該記載
　又は報告に係る返金措置を含む。）
　において交付された金銭の額とし
　て内閣府令で定めるところにより
　計算した額を第八条第一項又は第
　九条の規定により計算した課徴金
　の額から減額するものとする。こ
　の場合において、当該内閣府令で
　定めるところにより計算した額を
　当該課徴金の額から減額した額が
　零を下回るときは、当該額は、零
　とする。
3　（略）

（課徴金の納付義務等）
第十二条　課徴金納付命令を受けた
　者は、第八条第一項、第九条又は
　前条第二項の規定により計算した
　課徴金を納付しなければならな
　い。
2　第八条第一項、第九条又は前条
　第二項の規定により計算した課徴
　金の額に一万円未満の端数がある
　ときは、その端数は、切り捨て
　る。
3　（略）
4　課徴金対象行為をした事業者が
　法人である場合において、当該法
　人が当該課徴金対象行為に係る事

案について報告徴収等が最初に行われた日（当該報告徴収等が行われなかつたときは、当該法人が当該課徴金対象行為について第十五条第一項の規定による通知を受けた日。以下この項において「調査開始日」という。）以後においてその一若しくは二以上の子会社等（事業者の子会社若しくは親会社（会社を子会社とする他の会社をいう。以下この項において同じ。）又は当該事業者と親会社が同一である他の会社をいう。以下この項において同じ。）に対して当該課徴金対象行為に係る事業の全部を譲渡し、又は当該法人（会社に限る。）が当該課徴金対象行為に係る事案についての調査開始日以後においてその一若しくは二以上の子会社等に対して分割により当該課徴金対象行為に係る事業の全部を承継させ、かつ、合併以外の事由により消滅したときは、当該法人がした課徴金対象行為は、当該事業の全部若しくは一部を譲り受け、又は分割により当該事業の全部若しくは一部を承継した子会社等（以下この項において「特定事業承継子会社等」という。）がした課徴金対象行為とみなして、第八条から前条まで及び前三項の規定を適用する。この場合において、当該特定事業承継子会社等が二以上あるときは、第八条第一項中「当該事業者に対し」とあるのは「特定事業承継子会社等（第十二条第四項に規定する特定事業承継子会社等をいう。以下この項において同じ。）に対し、この項

案について報告徴収等（第二十九条第一項の規定による報告の徴収、帳簿書類その他の物件の提出の命令、立入検査又は質問をいう。以下この項において同じ。）が最初に行われた日（当該報告徴収等が行われなかつたときは、当該法人が当該課徴金対象行為について第十五条第一項の規定による通知を受けた日。以下この項において「調査開始日」という。）以後においてその一若しくは二以上の子会社等（事業者の子会社若しくは親会社（会社を子会社とする他の会社をいう。以下この項において同じ。）又は当該事業者と親会社が同一である他の会社をいう。以下この項において同じ。）に対して当該課徴金対象行為に係る事業の全部を譲渡し、又は当該法人（会社に限る。）が当該課徴金対象行為に係る事案についての調査開始日以後においてその一若しくは二以上の子会社等に対して分割により当該課徴金対象行為に係る事業の全部を承継させ、かつ、合併以外の事由により消滅したときは、当該法人がした課徴金対象行為は、当該事業の全部若しくは一部を譲り受け、又は分割により当該事業の全部若しくは一部を承継した子会社等（以下この項において「特定事業承継子会社等」という。）がした課徴金対象行為とみなして、第八条から前条まで及び前三項の規定を適用する。この場合において、当該特定事業承継子会社等が二以上あるときは、第八条第一項中「当該事業

の規定による命令を受けた他の特
定事業承継子会社等と連帯して」
と、第一項中「受けた者は、第八
条第一項」とあるのは「受けた特
定事業承継子会社等（第四項に規
定する特定事業承継子会社等をい
う。以下この項において同じ。）
は、第八条第一項の規定による命
令を受けた他の特定事業承継子会
社等と連帯して、同項」とする。

5　（略）
6　第三項及び第四項の場合におい
て、第八条第二項から第六項まで
及び第九条から前条までの規定の
適用に関し必要な事項は、政令で
定める。
7　（略）

（弁明の機会の付与の通知の方式）
第十五条　（略）
2　内閣総理大臣は、課徴金納付命
令の名宛人となるべき者の所在が
判明しない場合においては、前項
の規定による通知を、その者の氏
名（法人にあつては、その名称及
び代表者の氏名）、同項第三号に
掲げる事項及び内閣総理大臣が同
項各号に掲げる事項を記載した書
面をいつでもその者に交付する旨
（以下この項において「公示事項」
という。）を内閣府令で定める方
法により不特定多数の者が閲覧す
ることができる状態に置くととも
に、公示事項が記載された書面を

者に対し」とあるのは「特定事業
承継子会社等（第十二条第四項に
規定する特定事業承継子会社等を
いう。以下この項において同じ。）
に対し、この項の規定による命令
を受けた他の特定事業承継子会社
等と連帯して」と、第一項中「受
けた者は、第八条第一項」とある
のは「受けた特定事業承継子会社
等（第四項に規定する特定事業承
継子会社等をいう。以下この項に
おいて同じ。）は、第八条第一項
の規定による命令を受けた他の特
定事業承継子会社等と連帯して、
同項」とする。

5　（略）
6　第三項及び第四項の場合におい
て、第八条第二項及び第三項並び
に第九条から前条までの規定の適
用に関し必要な事項は、政令で定
める。
7　（略）

（弁明の機会の付与の通知の方式）
第十五条　（略）
2　内閣総理大臣は、課徴金納付命
令の名宛人となるべき者の所在が
判明しない場合においては、前項
の規定による通知を、その者の氏
名（法人にあつては、その名称及
び代表者の氏名）、同項第三号に
掲げる事項及び内閣総理大臣が同
項各号に掲げる事項を記載した書
面をいつでもその者に交付する旨
を消費者庁の事務所の掲示場に掲
示することによつて行うことがで
きる。この場合においては、掲示
を始めた日から二週間を経過した
ときに、当該通知がその者に到達

消費者庁の掲示場に掲示し、又は公示事項を消費者庁の事務所に設置した電子計算機の映像面に表示したものを閲覧することができる状態に置く措置をとることによつて行うことができる。この場合においては、当該措置をとつた日から二週間を経過したときに、当該通知がその者に到達したものとみなす。	したものとみなす。
（削る）	（送達書類） 第二十一条　送達すべき書類は、この節に規定するもののほか、内閣府令で定める。
（削る）	（送達に関する民事訴訟法の準用） 第二十二条　書類の送達については、民事訴訟法（平成八年法律第百九号）第九十九条、第百一条、第百三条、第百五条、第百六条、第百八条及び第百九条の規定を準用する。この場合において、同法第九十九条第一項中「執行官」とあるのは「消費者庁の職員」と、同法第百八条中「裁判長」とあり、及び同法第百九条中「裁判所」とあるのは「内閣総理大臣」と読み替えるものとする。
（削る）	（公示送達） 第二十三条　内閣総理大臣は、次に掲げる場合には、公示送達をすることができる。 一　送達を受けるべき者の住所、居所その他送達をすべき場所が知れない場合 二　外国においてすべき送達について、前条において準用する民

事訴訟法第百八条の規定による
ことができず、又はこれによつ
ても送達をすることができない
と認めるべき場合

三　前条において準用する民事訴
訟法第百八条の規定により外国
の管轄官庁に嘱託を発した後六
月を経過してもその送達を証す
る書面の送付がない場合

2　公示送達は、送達すべき書類を
送達を受けるべき者にいつでも交
付すべき旨を消費者庁の事務所の
掲示場に掲示することにより行
う。

3　公示送達は、前項の規定による
掲示を始めた日から二週間を経過
することによつて、その効力を生
ずる。

4　外国においてすべき送達につい
てした公示送達にあつては、前項
の期間は、六週間とする。

（削る）

（電子情報処理組織の使用）

第二十四条　消費者庁の職員が、情
報通信技術を活用した行政の推進
等に関する法律（平成十四年法律
第百五十一号）第三条第九号に規
定する処分通知等であつてこの節
又は内閣府令の規定により書類の
送達により行うこととしているも
のに関する事務を、同法第七条第
一項の規定により同法第六条第一
項に規定する電子情報処理組織を
使用して行つたときは、第二十二
条において準用する民事訴訟法第
百九条の規定による送達に関する
事項を記載した書面の作成及び提
出に代えて、当該事項を当該電子
情報処理組織を使用して消費者庁

　　　　　　　　　　　　　　　　　　の使用に係る電子計算機（入出力装置を含む。）に備えられたファイルに記録しなければならない。

第二十一条　（略）

　　　　第四節　景品類の提供及び
　　　　　表示の管理上の措置

第二十二条・第二十三条　（略）

（勧告及び公表）
第二十四条　内閣総理大臣は、事業者が正当な理由がなくて第二十二条第一項の規定に基づき事業者が講ずべき措置を講じていないと認めるときは、当該事業者に対し、景品類の提供又は表示の管理上必要な措置を講ずべき旨の勧告をすることができる。
2　（略）

　　　　第五節　報告の徴収及び立
　　　　　入検査等

第二十五条　内閣総理大臣は、この法律を施行するため必要があると認めるときは、当該事業者若しくはその者とその事業に関して関係のある事業者に対し、その業務若しくは財産に関して報告をさせ、若しくは帳簿書類その他の物件の提出を命じ、又はその職員に、当該事業者若しくはその者とその事業に関して関係のある事業者の事務所、事業所その他その事業を行う場所に立ち入り、帳簿書類その他の物件を検査させ、若しくは関係者に質問させることができる。

第二十五条　（略）

　　　　第四節　景品類の提供及び
　　　　　表示の管理上の措置

第二十六条・第二十七条　（略）

（勧告及び公表）
第二十八条　内閣総理大臣は、事業者が正当な理由がなくて第二十六条第一項の規定に基づき事業者が講ずべき措置を講じていないと認めるときは、当該事業者に対し、景品類の提供又は表示の管理上必要な措置を講ずべき旨の勧告をすることができる。
2　（略）

　　　　第五節　報告の徴収及び立
　　　　　入検査等

第二十九条　内閣総理大臣は、第七条第一項の規定による命令、課徴金納付命令又は前条第一項の規定による勧告を行うため必要があると認めるときは、当該事業者若しくはその者とその事業に関して関係のある事業者に対し、その業務若しくは財産に関して報告をさせ、若しくは帳簿書類その他の物件の提出を命じ、又はその職員に、当該事業者若しくはその者とその事業に関して関係のある事業者の事務所、事業所その他その事業を行う場所に立ち入り、帳簿書

	類その他の物件を検査させ、若しくは関係者に質問させることができる。
2・3　（略）	2・3　（略）
第六節　是正措置計画の認定等	（新設）
（継続中の違反被疑行為に係る通知）	
第二十六条　内閣総理大臣は、第四条の規定による制限若しくは禁止又は第五条の規定に違反する行為があると疑うに足りる事実がある場合において、その疑いの理由となつた行為について、一般消費者による自主的かつ合理的な商品及び役務の選択を確保する上で必要があると認めるときは、当該疑いの理由となつた行為をしている者に対し、次に掲げる事項を書面により通知することができる。ただし、措置命令に係る行政手続法第三十条の規定による通知又は第十五条第一項の規定による通知をした後は、この限りでない。	（新設）
一　当該疑いの理由となつた行為の概要	
二　違反する疑いのある法令の条項	
三　次条第一項の規定による認定の申請をすることができる旨	
（是正措置計画に係る認定の申請等）	
第二十七条　前条の規定による通知を受けた者は、疑いの理由となつた行為及びその影響を是正するために必要な措置を自ら策定し、実施しようとするときは、内閣府令	（新設）

で定めるところにより、その実施しようとする措置（以下この条及び第二十九条第一項第一号において「是正措置」という。）に関する計画（以下この条及び同号において「是正措置計画」という。）を作成し、これを当該通知を受けた日から六十日以内に内閣総理大臣に提出して、その認定を申請することができる。

2　是正措置計画には、次に掲げる事項を記載しなければならない。
一　是正措置の内容
二　是正措置の実施期限
三　その他内閣府令で定める事項

3　内閣総理大臣は、第一項の規定による認定の申請があつた場合において、その是正措置計画が次の各号のいずれにも適合すると認めるときは、その認定をするものとする。
一　是正措置が疑いの理由となつた行為及びその影響を是正するために十分なものであること。
二　是正措置が確実に実施されると見込まれるものであること。

4　前項の認定は、文書によつて行わなければならない。

5　第三項の認定は、その名宛人に認定書の謄本を送達することによつて、その効力を生ずる。

6　内閣総理大臣は、第一項の規定による認定の申請があつた場合において、その是正措置計画が第三項各号のいずれかに適合しないと認めるときは、これを却下しなければならない。

7　第四項及び第五項の規定は、前項の規定による処分について準用

する。この場合において、第五項中「認定書」とあるのは、「不認定書」と読み替えるものとする。

8　第三項の認定を受けた者は、当該認定に係る是正措置計画を変更しようとするときは、内閣府令で定めるところにより、内閣総理大臣の認定を受けなければならない。

9　第三項から第七項までの規定は、前項の変更の認定について準用する。

（是正措置計画に係る認定の効果）
第二十八条　第七条第一項及び第八条第一項の規定は、内閣総理大臣が前条第三項の認定（同条第八項の変更の認定を含む。次条において同じ。）をした場合における当該認定に係る疑いの理由となつた行為については、適用しない。ただし、次条第一項の規定による当該認定の取消しがあつた場合は、この限りでない。

（是正措置計画に係る認定の取消し等）
第二十九条　内閣総理大臣は、次の各号のいずれかに該当するときは、第二十七条第三項の認定を取り消さなければならない。

一　第二十七条第三項の認定を受けた是正措置計画に従つて是正措置が実施されていないと認めるとき。

二　第二十七条第三項の認定を受けた者が虚偽又は不正の事実に基づいて当該認定を受けたことが判明したとき。

（新設）

（新設）

2　第二十七条第四項及び第五項の規定は、前項の規定による同条第三項の認定の取消しについて準用する。この場合において、同条第五項中「認定書」とあるのは、「取消書」と読み替えるものとする。

3　第一項の規定による第二十七条第三項の認定の取消しがあつた場合において、当該取消しが第十二条第七項に規定する期間の満了する日の二年前の日以後にあつたときは、当該認定に係る疑いの理由となつた行為に対する課徴金納付命令は、同項の規定にかかわらず、当該取消しの日から二年間においても、することができる。

（既往の違反被疑行為に係る通知）
第三十条　内閣総理大臣は、第四条の規定による制限若しくは禁止又は第五条の規定に違反する行為があると疑うに足りる事実が既になくなつている場合においても、その疑いの理由となつた行為について、一般消費者による自主的かつ合理的な商品及び役務の選択を確保する上で必要があると認めるときは、第一号に掲げる者に対し、第二号に掲げる事項を書面により通知することができる。ただし、措置命令に係る行政手続法第三十条の規定による通知又は第十五条第一項の規定による通知をした後は、この限りでない。
一　次に掲げる者
　イ　当該疑いの理由となつた行為をした者
　ロ　当該疑いの理由となつた行

（新設）

為をした者が法人である場合において、当該法人が合併により消滅したときにおける合併後存続し、又は合併により設立された法人

ハ　当該疑いの理由となつた行為をした者が法人である場合において、当該法人から分割により当該疑いの理由となつた行為に係る事業の全部又は一部を承継した法人

ニ　当該疑いの理由となつた行為をした者から当該疑いの理由となつた行為に係る事業の全部又は一部を譲り受けた者

二　次に掲げる事項

イ　当該疑いの理由となつた行為の概要

ロ　違反する疑いのあつた法令の条項

ハ　次条第一項の規定による認定の申請をすることができる旨

（影響是正措置計画に係る認定の申請等）

第三十一条　前条の規定による通知を受けた者は、疑いの理由となつた行為による影響を是正するために必要な措置を自ら策定し、実施しようとするときは、内閣府令で定めるところにより、その実施しようとする措置（以下この条及び第三十三条第一項第一号において「影響是正措置」という。）に関する計画（以下この条及び同号において「影響是正措置計画」という。）を作成し、これを当該通知を受けた日から六十日以内に内閣

（新設）

総理大臣に提出して、その認定を申請することができる。

2　影響是正措置計画には、次に掲げる事項を記載しなければならない。

一　影響是正措置の内容

二　影響是正措置の実施期限

三　その他内閣府令で定める事項

3　内閣総理大臣は、第一項の規定による認定の申請があつた場合において、その影響是正措置計画が次の各号のいずれにも適合すると認めるときは、その認定をするものとする。

一　影響是正措置が疑いの理由となつた行為による影響を是正するために十分なものであること。

二　影響是正措置が確実に実施されると見込まれるものであること。

4　第二十七条第四項及び第五項の規定は、前項の認定について準用する。

5　内閣総理大臣は、第一項の規定による認定の申請があつた場合において、その影響是正措置計画が第三項各号のいずれかに適合しないと認めるときは、これを却下しなければならない。

6　第二十七条第四項及び第五項の規定は、前項の規定による処分について準用する。この場合において、同条第五項中「認定書」とあるのは、「不認定書」と読み替えるものとする。

7　第三項の認定を受けた者は、当該認定に係る影響是正措置計画を変更しようとするときは、内閣府

令で定めるところにより、内閣総理大臣の認定を受けなければならない。

8　第三項から第六項までの規定は、前項の変更の認定について準用する。

（影響是正措置計画に係る認定の効果）

第三十二条　第七条第一項及び第八条第一項の規定は、内閣総理大臣が前条第三項の認定（同条第七項の変更の認定を含む。次条において同じ。）をした場合における当該認定に係る疑いの理由となつた行為については、適用しない。ただし、次条第一項の規定による当該認定の取消しがあつた場合は、この限りでない。

（新設）

（影響是正措置計画に係る認定の取消し等）

第三十三条　内閣総理大臣は、次の各号のいずれかに該当するときは、第三十一条第三項の認定を取り消さなければならない。

一　第三十一条第三項の認定を受けた影響是正措置計画に従つて影響是正措置が実施されていないと認めるとき。

二　第三十一条第三項の認定を受けた者が虚偽又は不正の事実に基づいて当該認定を受けたことが判明したとき。

2　第二十七条第四項及び第五項の規定は、前項の規定による第三十一条第三項の認定の取消しについて準用する。この場合において、第二十七条第五項中「認定

（新設）

書」とあるのは、「取消書」と読み替えるものとする。

3　第一項の規定による第三十一条第三項の認定の取消しがあつた場合において、当該取消しが第十二条第七項に規定する期間の満了する日の二年前の日以後にあつたときは、当該認定に係る疑いの理由となつた行為に対する課徴金納付命令は、同項の規定にかかわらず、当該取消しの日から二年間においても、することができる。

第三章　適格消費者団体の差止請求等

（差止請求権等）

第三十四条　消費者契約法（平成十二年法律第六十一号）第二条第四項に規定する適格消費者団体（以下「適格消費者団体」という。）は、事業者が、不特定かつ多数の一般消費者に対して次の各号に掲げる行為を現に行い又は行うおそれがあるときは、当該事業者に対し、当該行為の停止若しくは予防又は当該行為が当該各号に規定する表示をしたものである旨の周知その他の当該行為の停止若しくは予防に必要な措置をとることを請求することができる。

一・二　（略）
2・3　（略）

（資料開示要請等）

第三十五条　適格消費者団体は、事業者が現にする表示が前条第一項第一号に規定する表示に該当する

第三章　適格消費者団体の差止請求権等

（新設）

第三十条　消費者契約法（平成十二年法律第六十一号）第二条第四項に規定する適格消費者団体（以下この条及び第四十一条において単に「適格消費者団体」という。）は、事業者が、不特定かつ多数の一般消費者に対して次の各号に掲げる行為を現に行い又は行うおそれがあるときは、当該事業者に対し、当該行為の停止若しくは予防又は当該行為が当該各号に規定する表示をしたものである旨の周知その他の当該行為の停止若しくは予防に必要な措置をとることを請求することができる。

一・二　（略）
2・3　（略）

（新設）

と疑うに足りる相当な理由がある ときは、内閣府令で定めるところ により、当該事業者に対し、その 理由を示して、当該事業者のする 表示の裏付けとなる合理的な根拠 を示す資料を開示するよう要請す ることができる。 2　事業者は、前項の資料に営業秘 密（不正競争防止法（平成五年法 律第四十七号）第二条第六項に規 定する営業秘密をいう。）が含ま れる場合その他の正当な理由があ る場合を除き、前項の規定による 要請に応じるよう努めなければな らない。	
第四章　協定又は規約	第四章　協定又は規約
第三十六条・第三十七条　（略）	第三十一条・第三十二条　（略）
第五章　雑則	第五章　雑則
（権限の委任等） 第三十八条　（略） 2　（略） 3　消費者庁長官は、緊急かつ重点 的に不当な景品類及び表示に対処 する必要があることその他の政令 で定める事情があるため、事業者 に対し、措置命令、課徴金納付命 令又は第二十四条第一項の規定に よる勧告を効果的に行う上で必要 があると認めるときは、政令で定 めるところにより、第一項の規定 により委任された権限（第二十五 条第一項の規定による権限に限 る。）を当該事業者の事業を所管 する大臣又は金融庁長官に委任す ることができる。	（権限の委任等） 第三十三条　（略） 2　（略） 3　消費者庁長官は、緊急かつ重点 的に不当な景品類及び表示に対処 する必要があることその他の政令 で定める事情があるため、事業者 に対し、第七条第一項の規定によ る命令、課徴金納付命令又は第 二十八条第一項の規定による勧告 を効果的に行う上で必要があると 認めるときは、政令で定めるとこ ろにより、第一項の規定により委 任された権限（第二十九条第一項 の規定による権限に限る。）を当 該事業者の事業を所管する大臣又 は金融庁長官に委任することがで

4 〜 11 　（略）

（内閣府令への委任等）
第三十九条　（略）
2　第三十七条の規定は、内閣総理
　大臣が前項に規定する内閣府令
　（第三十六条第一項の協定又は規
　約について定めるものに限る。）
　を定めようとする場合について準
　用する。

第四十条　（略）

（外国執行当局への情報提供）
第四十一条　内閣総理大臣は、この
　法律に相当する外国の法令を執行
　する外国の当局（次項及び第三項
　において「外国執行当局」とい
　う。）に対し、その職務（この法
　律に規定する職務に相当するもの
　に限る。次項において同じ。）の
　遂行に資すると認める情報の提供
　を行うことができる。
2　前項の規定による情報の提供に
　ついては、当該情報が当該外国執
　行当局の職務の遂行以外に使用さ
　れず、かつ、次項の同意がなけれ
　ば外国の刑事事件の捜査（その対
　象たる犯罪事実が特定された後の
　ものに限る。）又は審判（同項に
　おいて「捜査等」という。）に使
　用されないよう適切な措置がとら
　れなければならない。
3　内閣総理大臣は、外国執行当局
　からの要請があつたときは、次の
　各号のいずれかに該当する場合を
　除き、第一項の規定により提供し
　た情報を当該要請に係る外国（第

きる。

4 〜 11 　（略）

（内閣府令への委任等）
第三十四条　（略）
2　第三十二条の規定は、内閣総理
　大臣が前項に規定する内閣府令
　（第三十一条第一項の協定又は規
　約について定めるものに限る。）
　を定めようとする場合について準
　用する。

第三十五条　（略）

（新設）

三号において「要請国」という。）
の刑事事件の捜査等に使用するこ
とについて同意をすることができ
る。

　一　当該要請に係る刑事事件の捜
　　査等の対象とされている犯罪が
　　政治犯罪であるとき、又は当該
　　要請が政治犯罪について捜査等
　　を行う目的で行われたものと認
　　められるとき。

　二　当該要請に係る刑事事件の捜
　　査等の対象とされている犯罪に
　　係る行為が日本国内において行
　　われたとした場合において、そ
　　の行為が日本国の法令によれば
　　罪に当たるものでないとき。

　三　日本国が行う同種の要請に応
　　ずる旨の要請国の保証がないと
　　き。

　4　内閣総理大臣は、前項の同意を
　する場合においては、あらかじ
　め、同項第一号及び第二号に該当
　しないことについて法務大臣の確
　認を、同項第三号に該当しないこ
　とについて外務大臣の確認を、そ
　れぞれ受けなければならない。

（送達書類）

第四十二条　送達すべき書類は、こ
　の法律に規定するもののほか、内
　閣府令で定める。　　　　　　　　　　　　（新設）

（送達に関する民事訴訟法の準用）

第四十三条　書類の送達について
　は、民事訴訟法（平成八年法律第
　百九号）第九十九条、第百一条、
　第百三条、第百五条、第百六条、
　第百七条第一項（第一号に係る部
　分に限る。次条第一項第二号にお　　　　　（新設）

いて同じ。）及び第三項、第百八条並びに第百九条の規定を準用する。この場合において、同法第九十九条第一項中「執行官」とあり、及び同法第百七条第一項中「裁判所書記官」とあるのは「消費者庁の職員」と、同項中「最高裁判所規則」とあるのは「内閣府令」と、同法第百八条中「裁判長」とあり、及び同法第百九条中「裁判所」とあるのは「内閣総理大臣」と読み替えるものとする。

（公示送達）
第四十四条　内閣総理大臣は、次に掲げる場合には、公示送達をすることができる。
　一　送達を受けるべき者の住所、居所その他送達をすべき場所が知れない場合
　二　前条において読み替えて準用する民事訴訟法第百七条第一項の規定により送達をすることができない場合
　三　外国においてすべき送達について、前条において読み替えて準用する民事訴訟法第百八条の規定によることができず、又はこれによつても送達をすることができないと認めるべき場合
　四　前条において読み替えて準用する民事訴訟法第百八条の規定により外国の管轄官庁に嘱託を発した後六月を経過してもその送達を証する書面の送付がない場合
　2　公示送達は、送達すべき書類を送達を受けるべき者にいつでも交付すべき旨を内閣府令で定める方

（新設）

法により不特定多数の者が閲覧することができる状態に置くとともに、その旨が記載された書面を消費者庁の掲示場に掲示し、又はその旨を消費者庁の事務所に設置した電子計算機の映像面に表示したものを閲覧することができる状態に置く措置をとることにより行う。

3　公示送達は、前項の規定による措置をとつた日から二週間を経過することによつて、その効力を生ずる。

4　外国においてすべき送達についてした公示送達にあつては、前項の期間は、六週間とする。

（電子情報処理組織の使用）
第四十五条　消費者庁の職員が、情報通信技術を活用した行政の推進等に関する法律（平成十四年法律第百五十一号）第三条第九号に規定する処分通知等であつてこの法律又は内閣府令の規定により書類を送達して行うこととしているものに関する事務を、情報通信技術を活用した行政の推進等に関する法律第七条第一項の規定により同法第六条第一項に規定する電子情報処理組織を使用して行つたときは、第四十三条において読み替えて準用する民事訴訟法第百九条の規定による送達に関する事項を記載した書面の作成及び提出に代えて、当該事項を当該電子情報処理組織を使用して消費者庁の使用に係る電子計算機（入出力装置を含む。）に備えられたファイルに記録しなければならない。

（新設）

<table>
<tr><td>

第六章　罰則

第四十六条　措置命令に違反したときは、当該違反行為をした者は、二年以下の懲役又は三百万円以下の罰金に処する。

2　（略）

第四十七条　第二十五条第一項の規定による報告若しくは物件の提出をせず、若しくは虚偽の報告若しくは虚偽の物件の提出をし、又は同項の規定による検査を拒み、妨げ、若しくは忌避し、若しくは同項の規定による質問に対して答弁をせず、若しくは虚偽の答弁をしたときは、当該違反行為をした者は、一年以下の懲役又は三百万円以下の罰金に処する。

第四十八条　次の各号のいずれかに該当する場合には、当該違反行為をした者は、百万円以下の罰金に処する。

一　自己の供給する商品又は役務の取引における当該商品又は役務の品質、規格その他の内容について、実際のもの又は当該事業者と同種若しくは類似の商品若しくは役務を供給している他の事業者に係るものよりも著しく優良であると一般消費者を誤認させるような表示をしたとき。

二　自己の供給する商品又は役務の取引における当該商品又は役務の価格その他の取引条件について、実際のもの又は当該事業

</td><td>

第六章　罰則

第三十六条　第七条第一項の規定による命令に違反した者は、二年以下の懲役又は三百万円以下の罰金に処する。

2　（略）

第三十七条　第二十九条第一項の規定による報告若しくは物件の提出をせず、若しくは虚偽の報告若しくは虚偽の物件の提出をし、又は同項の規定による検査を拒み、妨げ、若しくは忌避し、若しくは同項の規定による質問に対して答弁をせず、若しくは虚偽の答弁をした者は、一年以下の懲役又は三百万円以下の罰金に処する。

（新設）

</td></tr>
</table>

者と同種若しくは類似の商品若
しくは役務を供給している他の
事業者に係るものよりも取引の
相手方に著しく有利であると一
般消費者を誤認させるような表
示をしたとき。

第四十九条　法人の代表者又は法人
　若しくは人の代理人、使用人その
　他の従業者が、その法人又は人の
　業務又は財産に関して、次の各号
　に掲げる規定の違反行為をしたと
　きは、行為者を罰するほか、その
　法人又は人に対しても、当該各号
　に定める罰金刑を科する。
　一　第四十六条第一項　三億円以
　　下の罰金刑
　二　前二条　各本条の罰金刑
2　法人でない団体の代表者、管理
　人、代理人、使用人その他の従業
　者がその団体の業務又は財産に関
　して、前項各号に掲げる規定の違
　反行為をしたときは、行為者を罰
　するほか、その団体に対しても、
　当該各号に定める罰金刑を科す
　る。
　（削る）

　（削る）
3　（略）

第五十条　第四十六条第一項の違反
　があつた場合においては、その違
　反の計画を知り、その防止に必要
　な措置を講ぜず、又はその違反行
　為を知り、その是正に必要な措置
　を講じなかつた当該法人（当該法
　人で事業者団体に該当するものを
　除く。）の代表者に対しても、同

第三十八条　法人の代表者又は法人
　若しくは人の代理人、使用人その
　他の従業者が、その法人又は人の
　業務又は財産に関して、次の各号
　に掲げる規定の違反行為をしたと
　きは、行為者を罰するほか、その
　法人又は人に対しても、当該各号
　に定める罰金刑を科する。
　一　第三十六条第一項　三億円以
　　下の罰金刑
　二　前条　同条の罰金刑
2　法人でない団体の代表者、管理
　人、代理人、使用人その他の従業
　者がその団体の業務又は財産に関
　して、次の各号に掲げる規定の違
　反行為をしたときは、行為者を罰
　するほか、その団体に対しても、
　当該各号に定める罰金刑を科す
　る。
　一　第三十六条第一項　三億円以
　　下の罰金刑
　二　前条　同条の罰金刑
3　（略）

第三十九条　第三十六条第一項の違
　反があつた場合においては、その
　違反の計画を知り、その防止に必
　要な措置を講ぜず、又はその違反
　行為を知り、その是正に必要な措
　置を講じなかつた当該法人（当該
　法人で事業者団体に該当するもの
　を除く。）の代表者に対しても、

項の罰金刑を科する。

第五十一条　第四十六条第一項の違反があつた場合においては、その違反の計画を知り、その防止に必要な措置を講ぜず、又はその違反行為を知り、その是正に必要な措置を講じなかつた当該事業者団体の理事その他の役員若しくは管理人又はその構成事業者（事業者の利益のためにする行為を行う役員、従業員、代理人その他の者が構成事業者である場合には、当該事業者を含む。）に対しても、それぞれ同項の罰金刑を科する。

2　（略）

第五十二条　第三十四条第三項の規定に違反して、情報を同項に定める目的以外の目的のために利用し、又は提供した適格消費者団体は、三十万円以下の過料に処する。

同項の罰金刑を科する。

第四十条　第三十六条第一項の違反があつた場合においては、その違反の計画を知り、その防止に必要な措置を講ぜず、又はその違反行為を知り、その是正に必要な措置を講じなかつた当該事業者団体の理事その他の役員若しくは管理人又はその構成事業者（事業者の利益のためにする行為を行う役員、従業員、代理人その他の者が構成事業者である場合には、当該事業者を含む。）に対しても、それぞれ同項の罰金刑を科する。

2　（略）

第四十一条　第三十条第三項の規定に違反して、情報を同項に定める目的以外の目的のために利用し、又は提供した適格消費者団体は、三十万円以下の過料に処する。

○消費者契約法（平成十二年法律第六十一号）（附則第六条関係）

（下線部分は改正部分）

改　正　前	改　正　後
（差止請求の制限） 第十二条の二　前条、不当景品類及び不当表示防止法（昭和三十七年法律第百三十四号）第三十四条第一項、特定商取引に関する法律（昭和五十一年法律第五十七号）第五十八条の十八から第五十八条の二十四まで又は食品表示法（平成二十五年法律第七十号）第十一条の規定による請求（以下「差止請求」という。）は、次に掲げる場合には、することができない。 一・二　（略） 2　（略）	（差止請求の制限） 第十二条の二　前条、不当景品類及び不当表示防止法（昭和三十七年法律第百三十四号）第三十条第一項、特定商取引に関する法律（昭和五十一年法律第五十七号）第五十八条の十八から第五十八条の二十四まで又は食品表示法（平成二十五年法律第七十号）第十一条の規定による請求（以下「差止請求」という。）は、次に掲げる場合には、することができない。 一・二　（略） 2　（略）
（管轄） 第四十三条　（略） 2　次の各号に掲げる規定による差止請求に係る訴えは、当該各号に定める行為があった地を管轄する裁判所にも提起することができる。 一　（略） 二　不当景品類及び不当表示防止法第三十四条第一項　同項に規定する事業者の行為 三・四　（略）	（管轄） 第四十三条　（略） 2　次の各号に掲げる規定による差止請求に係る訴えは、当該各号に定める行為があった地を管轄する裁判所にも提起することができる。 一　（略） 二　不当景品類及び不当表示防止法第三十条第一項　同項に規定する事業者の行為 三・四　（略）

○民事訴訟法等の一部を改正する法律（令和四年法律第四十八号）

（附則第七条関係）

（下線部分は改正部分）

改　正　前	改　正　後
附　則 （不当景品類及び不当表示防止法の一部改正） 第五十七条　不当景品類及び不当表示防止法（昭和三十七年法律第百三十四号）の一部を次のように改正する。 　　第四十三条を次のように改める。 　　（送達に関する民事訴訟法の準用） 第四十三条　書類の送達については、民事訴訟法（平成八年法律第百九号）第百条第一項、第百一条、第百二条の二、第百三条、第百五条、第百六条、第百七条第一項（第一号に係る部分に限る。次条第一項第二号において同じ。）及び第三項並びに第百八条の規定を準用する。この場合において、同法第百条第一項中「裁判所」とあり、及び同法第百八条中「裁判長」とあるのは「内閣総理大臣」と、同法第百一条第一項中「執行官」とあり、及び同法第百七条第一項中「裁判所書記官」とあるのは「消費者庁の職員」と、同項中「最高裁判所規則」とあるのは「内閣府令」と読み替えるものとする。 　　第四十五条中「第百九条」を「第百条第一項」に改める。	附　則 （不当景品類及び不当表示防止法の一部改正） 第五十七条　不当景品類及び不当表示防止法（昭和三十七年法律第百三十四号）の一部を次のように改正する。 　　第二十二条中「第九十九条、第百一条」を「第百条第一項、第百一条、第百二条の二」に、「、第百八条及び第百九条」を「及び第百八条」に改め、同条後段を次のように改める。 　　この場合において、同項中「裁判所」とあり、及び同条中「裁判長」とあるのは「内閣総理大臣」と、同法第百一条第一項中「執行官」とあるのは「消費者庁の職員」と読み替えるものとする。 　　第二十四条中「第百九条」を「第百条第一項」に改める。

資料1-3　新法^(注)

> （注）　本改正法が公布された時点で景品表示法を改正することを定めた
> 「民事訴訟法等の一部を改正する法律（令和四年法律第四十八号）」及び
> 「刑法等の一部を改正する法律の施行に伴う関係法律の整理等に関する法
> 律（令和四年法律第六十八号）」並びに本改正法のいずれもが施行された
> ことによる改正後の景品表示法の条文を掲載。

○昭和三十七年法律第百三十四号　不当景品類及び不当表示防止法

目次

　　　第一章　総則

（目的）

第一条　この法律は、商品及び役務の取引に関連する不当な景品類及び
　表示による顧客の誘引を防止するため、一般消費者による自主的かつ
　合理的な選択を阻害するおそれのある行為の制限及び禁止について定
　めることにより、一般消費者の利益を保護することを目的とする。

（定義）

第二条　この法律で「事業者」とは、商業、工業、金融業その他の事業を行う者をいい、当該事業を行う者の利益のためにする行為を行う役員、従業員、代理人その他の者は、次項及び第三十六条の規定の適用については、これを当該事業者とみなす。

2　この法律で「事業者団体」とは、事業者としての共通の利益を増進することを主たる目的とする二以上の事業者の結合体又はその連合体をいい、次に掲げる形態のものを含む。ただし、二以上の事業者の結合体又はその連合体であつて、資本又は構成事業者（事業者団体の構成員である事業者をいう。第五十一条において同じ。）の出資を有し、営利を目的として商業、工業、金融業その他の事業を営むことを主たる目的とし、かつ、現にその事業を営んでいるものを含まないものとする。

　　一　二以上の事業者が社員（社員に準ずるものを含む。）である一般社団法人その他の社団

　　二　二以上の事業者が理事又は管理人の任免、業務の執行又はその存立を支配している一般財団法人その他の財団

　　三　二以上の事業者を組合員とする組合又は契約による二以上の事業者の結合体

3　この法律で「景品類」とは、顧客を誘引するための手段として、その方法が直接的であるか間接的であるかを問わず、くじの方法によるかどうかを問わず、事業者が自己の供給する商品又は役務の取引（不動産に関する取引を含む。以下同じ。）に付随して相手方に提供する物品、金銭その他の経済上の利益であつて、内閣総理大臣が指定するものをいう。

4　この法律で「表示」とは、顧客を誘引するための手段として、事業者が自己の供給する商品又は役務の内容又は取引条件その他これらの取引に関する事項について行う広告その他の表示であつて、内閣総理大臣が指定するものをいう。

（景品類及び表示の指定に関する公聴会等及び告示）

第三条　内閣総理大臣は、前条第三項若しくは第四項の規定による指定

をし、又はその変更若しくは廃止をしようとするときは、内閣府令で
定めるところにより、公聴会を開き、関係事業者及び一般の意見を求
めるとともに、消費者委員会の意見を聴かなければならない。

2 前項に規定する指定並びにその変更及び廃止は、告示によつて行う
ものとする。

第二章 景品類及び表示に関する規制

第一節 景品類の制限及び禁止並びに不当な表示の禁止

（景品類の制限及び禁止）

第四条 内閣総理大臣は、不当な顧客の誘引を防止し、一般消費者によ
る自主的かつ合理的な選択を確保するため必要があると認めるとき
は、景品類の価額の最高額若しくは総額、種類若しくは提供の方法そ
の他景品類の提供に関する事項を制限し、又は景品類の提供を禁止す
ることができる。

（不当な表示の禁止）

第五条 事業者は、自己の供給する商品又は役務の取引について、次の
各号のいずれかに該当する表示をしてはならない。

一 商品又は役務の品質、規格その他の内容について、一般消費者に
対し、実際のものよりも著しく優良であると示し、又は事実に相違
して当該事業者と同種若しくは類似の商品若しくは役務を供給して
いる他の事業者に係るものよりも著しく優良であると示す表示であ
つて、不当に顧客を誘引し、一般消費者による自主的かつ合理的な
選択を阻害するおそれがあると認められるもの

二 商品又は役務の価格その他の取引条件について、実際のもの又は
当該事業者と同種若しくは類似の商品若しくは役務を供給している
他の事業者に係るものよりも取引の相手方に著しく有利であると一
般消費者に誤認される表示であつて、不当に顧客を誘引し、一般消
費者による自主的かつ合理的な選択を阻害するおそれがあると認め
られるもの

三　前二号に掲げるもののほか、商品又は役務の取引に関する事項について一般消費者に誤認されるおそれがある表示であつて、不当に顧客を誘引し、一般消費者による自主的かつ合理的な選択を阻害するおそれがあると認めて内閣総理大臣が指定するもの

（景品類の制限及び禁止並びに不当な表示の禁止に係る指定に関する公聴会等及び告示）

第六条　内閣総理大臣は、第四条の規定による制限若しくは禁止若しくは前条第三号の規定による指定をし、又はこれらの変更若しくは廃止をしようとするときは、内閣府令で定めるところにより、公聴会を開き、関係事業者及び一般の意見を求めるとともに、消費者委員会の意見を聴かなければならない。

2　前項に規定する制限及び禁止並びに指定並びにこれらの変更及び廃止は、告示によつて行うものとする。

第二節　措置命令

第七条　内閣総理大臣は、第四条の規定による制限若しくは禁止又は第五条の規定に違反する行為があるときは、当該事業者に対し、その行為の差止め若しくはその行為が再び行われることを防止するために必要な事項又はこれらの実施に関連する公示その他必要な事項を命ずることができる。その命令は、当該違反行為が既になくなつている場合においても、次に掲げる者に対し、することができる。

一　当該違反行為をした事業者

二　当該違反行為をした事業者が法人である場合において、当該法人が合併により消滅したときにおける合併後存続し、又は合併により設立された法人

三　当該違反行為をした事業者が法人である場合において、当該法人から分割により当該違反行為に係る事業の全部又は一部を承継した法人

四　当該違反行為をした事業者から当該違反行為に係る事業の全部又は一部を譲り受けた事業者

2　内閣総理大臣は、前項の規定による命令（以下「措置命令」という。）に関し、事業者がした表示が第五条第一号に該当するか否かを判断するため必要があると認めるときは、当該表示をした事業者に対し、期間を定めて、当該表示の裏付けとなる合理的な根拠を示す資料の提出を求めることができる。この場合において、当該事業者が当該資料を提出しないときは、同項の規定の適用については、当該表示は同号に該当する表示とみなす。

3　措置命令は、措置命令書の謄本を送達して行う。

第三節　課徴金

（課徴金納付命令）

第八条　事業者が、第五条の規定に違反する行為（同条第三号に該当する表示に係るものを除く。以下「課徴金対象行為」という。）をしたときは、内閣総理大臣は、当該事業者に対し、当該課徴金対象行為に係る課徴金対象期間に取引をした当該課徴金対象行為に係る商品又は役務の政令で定める方法により算定した売上額に百分の三を乗じて得た額に相当する額の課徴金を国庫に納付することを命じなければならない。ただし、当該事業者が当該課徴金対象行為をした期間を通じて当該課徴金対象行為に係る表示が次の各号のいずれかに該当することを知らず、かつ、知らないことにつき相当の注意を怠つた者でないと認められるとき、又はその額が百五十万円未満であるときは、その納付を命ずることができない。

一　商品又は役務の品質、規格その他の内容について、実際のものよりも著しく優良であること又は事実に相違して当該事業者と同種若しくは類似の商品若しくは役務を供給している他の事業者に係るものよりも著しく優良であることを示す表示

二　商品又は役務の価格その他の取引条件について、実際のものよりも取引の相手方に著しく有利であること又は事実に相違して当該事業者と同種若しくは類似の商品若しくは役務を供給している他の事業者に係るものよりも取引の相手方に著しく有利であることを示す表示

2　前項に規定する「課徴金対象期間」とは、課徴金対象行為をした期間（課徴金対象行為をやめた後そのやめた日から六月を経過する日（同日前に、当該事業者が当該課徴金対象行為に係る表示が不当に顧客を誘引し、一般消費者による自主的かつ合理的な選択を阻害するおそれを解消するための措置として内閣府令で定める措置をとつたときは、その日）までの間に当該事業者が当該課徴金対象行為に係る商品又は役務の取引をしたときは、当該課徴金対象行為をやめてから最後に当該取引をした日までの期間を加えた期間とし、当該期間が三年を超えるときは、当該期間の末日から遡つて三年間とする。）をいう。

3　内閣総理大臣は、第一項の規定による命令（以下「課徴金納付命令」という。）に関し、事業者がした表示が第五条第一号に該当するか否かを判断するため必要があると認めるときは、当該表示をした事業者に対し、期間を定めて、当該表示の裏付けとなる合理的な根拠を示す資料の提出を求めることができる。この場合において、当該事業者が当該資料を提出しないときは、同項の規定の適用については、当該表示は同号に該当する表示と推定する。

4　第一項の規定により課徴金の納付を命ずる場合において、当該事業者が当該課徴金対象行為に係る課徴金の計算の基礎となるべき事実について第二十五条第一項の規定による報告を求められたにもかかわらずその報告をしないときは、内閣総理大臣は、当該事業者に係る課徴金対象期間のうち当該事実の報告がされず課徴金の計算の基礎となるべき事実を把握することができない期間における第一項に定める売上額を、当該事業者又は当該課徴金対象行為に係る商品若しくは役務を供給する他の事業者若しくは当該商品若しくは役務の供給を受ける他の事業者から入手した資料その他の資料を用いて、内閣府令で定める合理的な方法により推計して、課徴金の納付を命ずることができる。

5　事業者が、基準日から遡り十年以内に、課徴金納付命令（当該課徴金納付命令が確定している場合に限る。）を受けたことがあり、かつ、当該課徴金納付命令の日以後において課徴金対象行為をしていた者であるときにおける第一項の規定の適用については、同項中「百分の三」とあるのは、「百分の四・五」とする。

6　前項に規定する「基準日」とは、同項に規定する課徴金対象行為に

係る事案について、次に掲げる行為が行われた日のうち最も早い日をいう。

一　報告徴収等（第二十五条第一項の規定による報告の徴収、帳簿書類その他の物件の提出の命令、立入検査又は質問をいう。第十二条第四項において同じ。）

二　第三項の規定による資料の提出の求め

三　第十五条第一項の規定による通知

（課徴金対象行為に該当する事実の報告による課徴金の額の減額）

第九条　前条第一項（同条第五項の規定により読み替えて適用する場合を含む。以下この節において同じ。）の場合において、内閣総理大臣は、当該事業者が課徴金対象行為に該当する事実を内閣府令で定めるところにより内閣総理大臣に報告したときは、同条第一項の規定により計算した課徴金の額に百分の五十を乗じて得た額を当該課徴金の額から減額するものとする。ただし、その報告が、当該課徴金対象行為についての調査があつたことにより当該課徴金対象行為について課徴金納付命令があるべきことを予知してされたものであるときは、この限りでない。

（返金措置の実施による課徴金の額の減額等）

第十条　第十五条第一項の規定による通知を受けた者は、第八条第二項に規定する課徴金対象期間において当該商品又は役務の取引を行つた一般消費者であつて政令で定めるところにより特定されているものからの申出があつた場合に、当該申出をした一般消費者の取引に係る商品又は役務の政令で定める方法により算定した購入額に百分の三を乗じて得た額以上の金銭（資金決済に関する法律（平成二十一年法律第五十九号）第三条第七項に規定する第三者型発行者が発行する同条第一項第一号の前払式支払手段その他内閣府令で定めるものであつて、金銭と同様に通常使用することができるものとして内閣府令で定める基準に適合するもの（以下この項において「金銭以外の支払手段」という。）を含む。以下この条及び次条第二項において同じ。）を交付する措置（金銭以外の支払手段を交付する措置にあつては、当該金銭以

外の支払手段の交付を承諾した者に対し行うものに限る。以下この条及び次条において「返金措置」という。）を実施しようとするときは、内閣府令で定めるところにより、その実施しようとする返金措置（以下この条において「実施予定返金措置」という。）に関する計画（以下この条において「実施予定返金措置計画」という。）を作成し、これを第十五条第一項に規定する弁明書の提出期限までに内閣総理大臣に提出して、その認定を受けることができる。

2　実施予定返金措置計画には、次に掲げる事項を記載しなければならない。

一　実施予定返金措置の内容及び実施期間

二　実施予定返金措置の対象となる者が当該実施予定返金措置の内容を把握するための周知の方法に関する事項

三　実施予定返金措置の実施に必要な資金の額及びその調達方法

3　実施予定返金措置計画には、第一項の認定の申請前に既に実施した返金措置の対象となつた者の氏名又は名称、その者に対して交付した金銭の額及びその計算方法その他の当該申請前に実施した返金措置に関する事項として内閣府令で定めるものを記載することができる。

4　第一項の認定の申請をした者は、当該申請後これに対する処分を受けるまでの間に返金措置を実施したときは、遅滞なく、内閣府令で定めるところにより、当該返金措置の対象となつた者の氏名又は名称、その者に対して交付した金銭の額及びその計算方法その他の当該返金措置に関する事項として内閣府令で定めるものについて、内閣総理大臣に報告しなければならない。

5　内閣総理大臣は、第一項の認定の申請があつた場合において、その実施予定返金措置計画が次の各号のいずれにも適合すると認める場合でなければ、その認定をしてはならない。

一　当該実施予定返金措置計画に係る実施予定返金措置が円滑かつ確実に実施されると見込まれるものであること。

二　当該実施予定返金措置計画に係る実施予定返金措置の対象となる者（当該実施予定返金措置計画に第三項に規定する事項が記載されている場合又は前項の規定による報告がされている場合にあつては、当該記載又は報告に係る返金措置が実施された者を含む。）のう

　　ち特定の者について不当に差別的でないものであること。

　三　当該実施予定返金措置計画に記載されている第二項第一号に規定
　　する実施期間が、当該課徴金対象行為による一般消費者の被害の回
　　復を促進するため相当と認められる期間として内閣府令で定める期
　　間内に終了するものであること。

6　第一項の認定を受けた者（以下この条及び次条において「認定事業
　者」という。）は、当該認定に係る実施予定返金措置計画を変更しよう
　とするときは、内閣府令で定めるところにより、内閣総理大臣の認定
　を受けなければならない。

7　第五項の規定は、前項の認定について準用する。

8　内閣総理大臣は、認定事業者による返金措置が第一項の認定を受け
　た実施予定返金措置計画（第六項の規定による変更の認定があつたと
　きは、その変更後のもの。次条第一項及び第二項において「認定実施
　予定返金措置計画」という。）に適合して実施されていないと認めると
　きは、第一項の認定（第六項の規定による変更の認定を含む。次項及
　び第十項ただし書において単に「認定」という。）を取り消さなければ
　ならない。

9　内閣総理大臣は、認定をしたとき又は前項の規定により認定を取り
　消したときは、速やかに、これらの処分の対象者に対し、文書をもつ
　てその旨を通知するものとする。

10　内閣総理大臣は、第一項の認定をしたときは、第八条第一項の規定
　にかかわらず、次条第一項に規定する報告の期限までの間は、認定事
　業者に対し、課徴金の納付を命ずることができない。ただし、第八項
　の規定により認定を取り消した場合には、この限りでない。

第十一条　認定事業者（前条第八項の規定により同条第一項の認定（同
　条第六項の規定による変更の認定を含む。）を取り消されたものを除
　く。第三項において同じ。）は、同条第一項の認定後に実施された認定
　実施予定返金措置計画に係る返金措置の結果について、当該認定実施
　予定返金措置計画に記載されている同条第二項第一号に規定する実施
　期間の経過後一週間以内に、内閣府令で定めるところにより、内閣総
　理大臣に報告しなければならない。

2　内閣総理大臣は、第八条第一項の場合において、前項の規定による報告に基づき、前条第一項の認定後に実施された返金措置が認定実施予定返金措置計画に適合して実施されたと認めるときは、当該返金措置（当該認定実施予定返金措置計画に同条第三項に規定する事項が記載されている場合又は同条第四項の規定による報告がされている場合にあつては、当該記載又は報告に係る返金措置を含む。）において交付された金銭の額として内閣府令で定めるところにより計算した額を第八条第一項若しくは第四項又は第九条の規定により計算した課徴金の額から減額するものとする。この場合において、当該内閣府令で定めるところにより計算した額を当該課徴金の額から減額した額が零を下回るときは、当該額は、零とする。

3　内閣総理大臣は、前項の規定により計算した課徴金の額が一万円未満となつたときは、第八条第一項の規定にかかわらず、認定事業者に対し、課徴金の納付を命じないものとする。この場合において、内閣総理大臣は、速やかに、当該認定事業者に対し、文書をもつてその旨を通知するものとする。

（課徴金の納付義務等）

第十二条　課徴金納付命令を受けた者は、第八条第一項若しくは第四項、第九条又は前条第二項の規定により計算した課徴金を納付しなければならない。

2　第八条第一項若しくは第四項、第九条又は前条第二項の規定により計算した課徴金の額に一万円未満の端数があるときは、その端数は、切り捨てる。

3　課徴金対象行為をした事業者が法人である場合において、当該法人が合併により消滅したときは、当該法人がした課徴金対象行為は、合併後存続し、又は合併により設立された法人がした課徴金対象行為とみなして、第八条から前条まで並びに前二項及び次項の規定を適用する。

4　課徴金対象行為をした事業者が法人である場合において、当該法人が当該課徴金対象行為に係る事案について報告徴収等が最初に行われた日（当該報告徴収等が行われなかつたときは、当該法人が当該課徴

金対象行為について第十五条第一項の規定による通知を受けた日。以下この項において「調査開始日」という。）以後においてその一若しくは二以上の子会社等（事業者の子会社若しくは親会社（会社を子会社とする他の会社をいう。以下この項において同じ。）又は当該事業者と親会社が同一である他の会社をいう。以下この項において同じ。）に対して当該課徴金対象行為に係る事業の全部を譲渡し、又は当該法人（会社に限る。）が当該課徴金対象行為に係る事案についての調査開始日以後においてその一若しくは二以上の子会社等に対して分割により当該課徴金対象行為に係る事業の全部を承継させ、かつ、合併以外の事由により消滅したときは、当該法人がした課徴金対象行為は、当該事業の全部若しくは一部を譲り受け、又は分割により当該事業の全部若しくは一部を承継した子会社等（以下この項において「特定事業承継子会社等」という。）がした課徴金対象行為とみなして、第八条から前条まで及び前三項の規定を適用する。この場合において、当該特定事業承継子会社等が二以上あるときは、第八条第一項中「当該事業者に対し」とあるのは「特定事業承継子会社等（第十二条第四項に規定する特定事業承継子会社等をいう。以下この項において同じ。）に対し、この項の規定による命令を受けた他の特定事業承継子会社等と連帯して」と、第一項中「受けた者は、第八条第一項」とあるのは「受けた特定事業承継子会社等（第四項に規定する特定事業承継子会社等をいう。以下この項において同じ。）は、第八条第一項の規定による命令を受けた他の特定事業承継子会社等と連帯して、同項」とする。

5　前項に規定する「子会社」とは、会社がその総株主（総社員を含む。以下この項において同じ。）の議決権（株主総会において決議をすることができる事項の全部につき議決権を行使することができない株式についての議決権を除き、会社法（平成十七年法律第八十六号）第八百七十九条第三項の規定により議決権を有するものとみなされる株式についての議決権を含む。以下この項において同じ。）の過半数を有する他の会社をいう。この場合において、会社及びその一若しくは二以上の子会社又は会社の一若しくは二以上の子会社がその総株主の議決権の過半数を有する他の会社は、当該会社の子会社とみなす。

6　第三項及び第四項の場合において、第八条第二項から第六項まで及

び第九条から前条までの規定の適用に関し必要な事項は、政令で定める。

7　課徴金対象行為をやめた日から五年を経過したときは、内閣総理大臣は、当該課徴金対象行為に係る課徴金の納付を命ずることができない。

（課徴金納付命令に対する弁明の機会の付与）

第十三条　内閣総理大臣は、課徴金納付命令をしようとするときは、当該課徴金納付命令の名宛人となるべき者に対し、弁明の機会を与えなければならない。

（弁明の機会の付与の方式）

第十四条　弁明は、内閣総理大臣が口頭ですることを認めたときを除き、弁明を記載した書面（次条第一項において「弁明書」という。）を提出してするものとする。

2　弁明をするときは、証拠書類又は証拠物を提出することができる。

（弁明の機会の付与の通知の方式）

第十五条　内閣総理大臣は、弁明書の提出期限（口頭による弁明の機会の付与を行う場合には、その日時）までに相当な期間をおいて、課徴金納付命令の名宛人となるべき者に対し、次に掲げる事項を書面により通知しなければならない。

　一　納付を命じようとする課徴金の額

　二　課徴金の計算の基礎及び当該課徴金に係る課徴金対象行為

　三　弁明書の提出先及び提出期限（口頭による弁明の機会の付与を行う場合には、その旨並びに出頭すべき日時及び場所）

2　内閣総理大臣は、課徴金納付命令の名宛人となるべき者の所在が判明しない場合においては、前項の規定による通知を、その者の氏名（法人にあつては、その名称及び代表者の氏名）、同項第三号に掲げる事項及び内閣総理大臣が同項各号に掲げる事項を記載した書面をいつでもその者に交付する旨（以下この項において「公示事項」という。）を内閣府令で定める方法により不特定多数の者が閲覧することができ

る状態に置くとともに、公示事項が記載された書面を消費者庁の掲示場に掲示し、又は公示事項を消費者庁の事務所に設置した電子計算機の映像面に表示したものを閲覧することができる状態に置く措置をとることによつて行うことができる。この場合においては、当該措置をとつた日から二週間を経過したときに、当該通知がその者に到達したものとみなす。

（代理人）

第十六条　前条第一項の規定による通知を受けた者（同条第二項後段の規定により当該通知が到達したものとみなされる者を含む。次項及び第四項において「当事者」という。）は、代理人を選任することができる。

2　代理人は、各自、当事者のために、弁明に関する一切の行為をすることができる。

3　代理人の資格は、書面で証明しなければならない。

4　代理人がその資格を失つたときは、当該代理人を選任した当事者は、書面でその旨を内閣総理大臣に届け出なければならない。

（課徴金納付命令の方式等）

第十七条　課徴金納付命令は、文書によつて行い、課徴金納付命令書には、納付すべき課徴金の額、課徴金の計算の基礎及び当該課徴金に係る課徴金対象行為並びに納期限を記載しなければならない。

2　課徴金納付命令は、その名宛人に課徴金納付命令書の謄本を送達することによつて、その効力を生ずる。

3　第一項の課徴金の納期限は、課徴金納付命令書の謄本を発する日から七月を経過した日とする。

（納付の督促）

第十八条　内閣総理大臣は、課徴金をその納期限までに納付しない者があるときは、督促状により期限を指定してその納付を督促しなければならない。

2　内閣総理大臣は、前項の規定による督促をしたときは、その督促に

係る課徴金の額につき年十四・五パーセントの割合で、納期限の翌日
からその納付の日までの日数により計算した延滞金を徴収することが
できる。ただし、延滞金の額が千円未満であるときは、この限りでな
い。

3　前項の規定により計算した延滞金の額に百円未満の端数があるとき
は、その端数は、切り捨てる。

（課徴金納付命令の執行）

第十九条　前条第一項の規定により督促を受けた者がその指定する期限
までにその納付すべき金額を納付しないときは、内閣総理大臣の命令
で、課徴金納付命令を執行する。この命令は、執行力のある債務名義
と同一の効力を有する。

2　課徴金納付命令の執行は、民事執行法（昭和五十四年法律第四号）
その他強制執行の手続に関する法令の規定に従つてする。

3　内閣総理大臣は、課徴金納付命令の執行に関して必要があると認め
るときは、公務所又は公私の団体に照会して必要な事項の報告を求め
ることができる。

（課徴金等の請求権）

第二十条　破産法（平成十六年法律第七十五号）、民事再生法（平成十一
年法律第二百二十五号）、会社更生法（平成十四年法律第百五十四号）
及び金融機関等の更生手続の特例等に関する法律（平成八年法律第
九十五号）の規定の適用については、課徴金納付命令に係る課徴金の
請求権及び第十八条第二項の規定による延滞金の請求権は、過料の請
求権とみなす。

（行政手続法の適用除外）

第二十一条　内閣総理大臣がする課徴金納付命令その他のこの節の規定
による処分については、行政手続法（平成五年法律第八十八号）第三
章の規定は、適用しない。ただし、第十条第八項の規定に係る同法第
十二条及び第十四条の規定の適用については、この限りでない。

第四節　景品類の提供及び表示の管理上の措置

（事業者が講ずべき景品類の提供及び表示の管理上の措置）

第二十二条　事業者は、自己の供給する商品又は役務の取引について、景品類の提供又は表示により不当に顧客を誘引し、一般消費者による自主的かつ合理的な選択を阻害することのないよう、景品類の価額の最高額、総額その他の景品類の提供に関する事項及び商品又は役務の品質、規格その他の内容に係る表示に関する事項を適正に管理するために必要な体制の整備その他の必要な措置を講じなければならない。

2　内閣総理大臣は、前項の規定に基づき事業者が講ずべき措置に関して、その適切かつ有効な実施を図るために必要な指針（以下この条において単に「指針」という。）を定めるものとする。

3　内閣総理大臣は、指針を定めようとするときは、あらかじめ、事業者の事業を所管する大臣及び公正取引委員会に協議するとともに、消費者委員会の意見を聴かなければならない。

4　内閣総理大臣は、指針を定めたときは、遅滞なく、これを公表するものとする。

5　前二項の規定は、指針の変更について準用する。

（指導及び助言）

第二十三条　内閣総理大臣は、前条第一項の規定に基づき事業者が講ずべき措置に関して、その適切かつ有効な実施を図るため必要があると認めるときは、当該事業者に対し、その措置について必要な指導及び助言をすることができる。

（勧告及び公表）

第二十四条　内閣総理大臣は、事業者が正当な理由がなくて第二十二条第一項の規定に基づき事業者が講ずべき措置を講じていないと認めるときは、当該事業者に対し、景品類の提供又は表示の管理上必要な措置を講ずべき旨の勧告をすることができる。

2　内閣総理大臣は、前項の規定による勧告を行つた場合において当該事業者がその勧告に従わないときは、その旨を公表することができる。

第五節　報告の徴収及び立入検査等

第二十五条　内閣総理大臣は、この法律を施行するため必要があると認めるときは、当該事業者若しくはその者とその事業に関して関係のある事業者に対し、その業務若しくは財産に関して報告をさせ、若しくは帳簿書類その他の物件の提出を命じ、又はその職員に、当該事業者若しくはその者とその事業に関して関係のある事業者の事務所、事業所その他その事業を行う場所に立ち入り、帳簿書類その他の物件を検査させ、若しくは関係者に質問させることができる。

2　前項の規定により立入検査をする職員は、その身分を示す証明書を携帯し、関係者に提示しなければならない。

3　第一項の規定による権限は、犯罪捜査のために認められたものと解釈してはならない。

第六節　是正措置計画の認定等

（継続中の違反被疑行為に係る通知）

第二十六条　内閣総理大臣は、第四条の規定による制限若しくは禁止又は第五条の規定に違反する行為があると疑うに足りる事実がある場合において、その疑いの理由となつた行為について、一般消費者による自主的かつ合理的な商品及び役務の選択を確保する上で必要があると認めるときは、当該疑いの理由となつた行為をしている者に対し、次に掲げる事項を書面により通知することができる。ただし、措置命令に係る行政手続法第三十条の規定による通知又は第十五条第一項の規定による通知をした後は、この限りでない。

一　当該疑いの理由となつた行為の概要
二　違反する疑いのある法令の条項
三　次条第一項の規定による認定の申請をすることができる旨

（是正措置計画に係る認定の申請等）

第二十七条　前条の規定による通知を受けた者は、疑いの理由となつた行為及びその影響を是正するために必要な措置を自ら策定し、実施し

　　ようとするときは、内閣府令で定めるところにより、その実施しよう
　　とする措置（以下この条及び第二十九条第一項第一号において「是正
　　措置」という。）に関する計画（以下この条及び同号において「是正措
　　置計画」という。）を作成し、これを当該通知を受けた日から六十日以
　　内に内閣総理大臣に提出して、その認定を申請することができる。
２　是正措置計画には、次に掲げる事項を記載しなければならない。
　一　是正措置の内容
　二　是正措置の実施期限
　三　その他内閣府令で定める事項
３　内閣総理大臣は、第一項の規定による認定の申請があつた場合にお
　　いて、その是正措置計画が次の各号のいずれにも適合すると認めると
　　きは、その認定をするものとする。
　一　是正措置が疑いの理由となつた行為及びその影響を是正するため
　　に十分なものであること。
　二　是正措置が確実に実施されると見込まれるものであること。
４　前項の認定は、文書によつて行わなければならない。
５　第三項の認定は、その名宛人に認定書の謄本を送達することによつ
　　て、その効力を生ずる。
６　内閣総理大臣は、第一項の規定による認定の申請があつた場合にお
　　いて、その是正措置計画が第三項各号のいずれかに適合しないと認め
　　るときは、これを却下しなければならない。
７　第四項及び第五項の規定は、前項の規定による処分について準用す
　　る。この場合において、第五項中「認定書」とあるのは、「不認定書」
　　と読み替えるものとする。
８　第三項の認定を受けた者は、当該認定に係る是正措置計画を変更し
　　ようとするときは、内閣府令で定めるところにより、内閣総理大臣の
　　認定を受けなければならない。
９　第三項から第七項までの規定は、前項の変更の認定について準用す
　　る。

（是正措置計画に係る認定の効果）
第二十八条　第七条第一項及び第八条第一項の規定は、内閣総理大臣が

前条第三項の認定（同条第八項の変更の認定を含む。次条において同じ。）をした場合における当該認定に係る疑いの理由となつた行為については、適用しない。ただし、次条第一項の規定による当該認定の取消しがあつた場合は、この限りでない。

（是正措置計画に係る認定の取消し等）

第二十九条　内閣総理大臣は、次の各号のいずれかに該当するときは、第二十七条第三項の認定を取り消さなければならない。

一　第二十七条第三項の認定を受けた是正措置計画に従つて是正措置が実施されていないと認めるとき。

二　第二十七条第三項の認定を受けた者が虚偽又は不正の事実に基づいて当該認定を受けたことが判明したとき。

2　第二十七条第四項及び第五項の規定は、前項の規定による同条第三項の認定の取消しについて準用する。この場合において、同条第五項中「認定書」とあるのは、「取消書」と読み替えるものとする。

3　第一項の規定による第二十七条第三項の認定の取消しがあつた場合において、当該取消しが第十二条第七項に規定する期間の満了する日の二年前の日以後にあつたときは、当該認定に係る疑いの理由となつた行為に対する課徴金納付命令は、同項の規定にかかわらず、当該取消しの日から二年間においても、することができる。

（既往の違反被疑行為に係る通知）

第三十条　内閣総理大臣は、第四条の規定による制限若しくは禁止又は第五条の規定に違反する行為があると疑うに足りる事実が既になくなつている場合においても、その疑いの理由となつた行為について、一般消費者による自主的かつ合理的な商品及び役務の選択を確保する上で必要があると認めるときは、第一号に掲げる者に対し、第二号に掲げる事項を書面により通知することができる。ただし、措置命令に係る行政手続法第三十条の規定による通知又は第十五条第一項の規定による通知をした後は、この限りでない。

一　次に掲げる者

イ　当該疑いの理由となつた行為をした者

　　ロ　当該疑いの理由となつた行為をした者が法人である場合におい
　　　て、当該法人が合併により消滅したときにおける合併後存続し、
　　　又は合併により設立された法人
　　ハ　当該疑いの理由となつた行為をした者が法人である場合におい
　　　て、当該法人から分割により当該疑いの理由となつた行為に係る
　　　事業の全部又は一部を承継した法人
　　ニ　当該疑いの理由となつた行為をした者から当該疑いの理由とな
　　　つた行為に係る事業の全部又は一部を譲り受けた者
　二　次に掲げる事項
　　イ　当該疑いの理由となつた行為の概要
　　ロ　違反する疑いのあつた法令の条項
　　ハ　次条第一項の規定による認定の申請をすることができる旨

（影響是正措置計画に係る認定の申請等）

第三十一条　前条の規定による通知を受けた者は、疑いの理由となつた
　行為による影響を是正するために必要な措置を自ら策定し、実施しよ
　うとするときは、内閣府令で定めるところにより、その実施しようと
　する措置（以下この条及び第三十三条第一項第一号において「影響是
　正措置」という。）に関する計画（以下この条及び同号において「影響
　是正措置計画」という。）を作成し、これを当該通知を受けた日から
　六十日以内に内閣総理大臣に提出して、その認定を申請することがで
　きる。
2　影響是正措置計画には、次に掲げる事項を記載しなければならない。
　一　影響是正措置の内容
　二　影響是正措置の実施期限
　三　その他内閣府令で定める事項
3　内閣総理大臣は、第一項の規定による認定の申請があつた場合にお
　いて、その影響是正措置計画が次の各号のいずれにも適合すると認め
　るときは、その認定をするものとする。
　一　影響是正措置が疑いの理由となつた行為による影響を是正するた
　　めに十分なものであること。
　二　影響是正措置が確実に実施されると見込まれるものであること。

4　第二十七条第四項及び第五項の規定は、前項の認定について準用する。

5　内閣総理大臣は、第一項の規定による認定の申請があつた場合において、その影響是正措置計画が第三項各号のいずれかに適合しないと認めるときは、これを却下しなければならない。

6　第二十七条第四項及び第五項の規定は、前項の規定による処分について準用する。この場合において、同条第五項中「認定書」とあるのは、「不認定書」と読み替えるものとする。

7　第三項の認定を受けた者は、当該認定に係る影響是正措置計画を変更しようとするときは、内閣府令で定めるところにより、内閣総理大臣の認定を受けなければならない。

8　第三項から第六項までの規定は、前項の変更の認定について準用する。

（影響是正措置計画に係る認定の効果）

第三十二条　第七条第一項及び第八条第一項の規定は、内閣総理大臣が前条第三項の認定（同条第七項の変更の認定を含む。次条において同じ。）をした場合における当該認定に係る疑いの理由となつた行為については、適用しない。ただし、次条第一項の規定による当該認定の取消しがあつた場合は、この限りでない。

（影響是正措置計画に係る認定の取消し等）

第三十三条　内閣総理大臣は、次の各号のいずれかに該当するときは、第三十一条第三項の認定を取り消さなければならない。

一　第三十一条第三項の認定を受けた影響是正措置計画に従つて影響是正措置が実施されていないと認めるとき。

二　第三十一条第三項の認定を受けた者が虚偽又は不正の事実に基づいて当該認定を受けたことが判明したとき。

2　第二十七条第四項及び第五項の規定は、前項の規定による第三十一条第三項の認定の取消しについて準用する。この場合において、第二十七条第五項中「認定書」とあるのは、「取消書」と読み替えるものとする。

3　第一項の規定による第三十一条第三項の認定の取消しがあつた場合において、当該取消しが第十二条第七項に規定する期間の満了する日の二年前の日以後にあつたときは、当該認定に係る疑いの理由となつた行為に対する課徴金納付命令は、同項の規定にかかわらず、当該取消しの日から二年間においても、することができる。

第三章　適格消費者団体の差止請求等

（差止請求権等）

第三十四条　消費者契約法（平成十二年法律第六十一号）第二条第四項に規定する適格消費者団体（以下「適格消費者団体」という。）は、事業者が、不特定かつ多数の一般消費者に対して次の各号に掲げる行為を現に行い又は行うおそれがあるときは、当該事業者に対し、当該行為の停止若しくは予防又は当該行為が当該各号に規定する表示をしたものである旨の周知その他の当該行為の停止若しくは予防に必要な措置をとることを請求することができる。

一　商品又は役務の品質、規格その他の内容について、実際のもの又は当該事業者と同種若しくは類似の商品若しくは役務を供給している他の事業者に係るものよりも著しく優良であると誤認される表示をすること。

二　商品又は役務の価格その他の取引条件について、実際のもの又は当該事業者と同種若しくは類似の商品若しくは役務を供給している他の事業者に係るものよりも取引の相手方に著しく有利であると誤認される表示をすること。

2　消費者安全法（平成二十一年法律第五十号）第十一条の七第一項に規定する消費生活協力団体及び消費生活協力員は、事業者が不特定かつ多数の一般消費者に対して前項各号に掲げる行為を現に行い又は行うおそれがある旨の情報を得たときは、適格消費者団体が同項の規定による請求をする権利を適切に行使するために必要な限度において、当該適格消費者団体に対し、当該情報を提供することができる。

3　前項の規定により情報の提供を受けた適格消費者団体は、当該情報を第一項の規定による請求をする権利の適切な行使の用に供する目的

以外の目的のために利用し、又は提供してはならない。

（資料開示要請等）

第三十五条　適格消費者団体は、事業者が現にする表示が前条第一項第一号に規定する表示に該当すると疑うに足りる相当な理由があるときは、内閣府令で定めるところにより、当該事業者に対し、その理由を示して、当該事業者のする表示の裏付けとなる合理的な根拠を示す資料を開示するよう要請することができる。

2　事業者は、前項の資料に営業秘密（不正競争防止法（平成五年法律第四十七号）第二条第六項に規定する営業秘密をいう。）が含まれる場合その他の正当な理由がある場合を除き、前項の規定による要請に応じるよう努めなければならない。

　　　第四章　協定又は規約

（協定又は規約）

第三十六条　事業者又は事業者団体は、内閣府令で定めるところにより、景品類又は表示に関する事項について、内閣総理大臣及び公正取引委員会の認定を受けて、不当な顧客の誘引を防止し、一般消費者による自主的かつ合理的な選択及び事業者間の公正な競争を確保するための協定又は規約を締結し、又は設定することができる。これを変更しようとするときも、同様とする。

2　内閣総理大臣及び公正取引委員会は、前項の協定又は規約が次の各号のいずれにも適合すると認める場合でなければ、同項の認定をしてはならない。

　一　不当な顧客の誘引を防止し、一般消費者による自主的かつ合理的な選択及び事業者間の公正な競争を確保するために適切なものであること。

　二　一般消費者及び関連事業者の利益を不当に害するおそれがないこと。

　三　不当に差別的でないこと。

　四　当該協定若しくは規約に参加し、又は当該協定若しくは規約から

脱退することを不当に制限しないこと。

3　内閣総理大臣及び公正取引委員会は、第一項の認定を受けた協定又は規約が前項各号のいずれかに適合するものでなくなつたと認めるときは、当該認定を取り消さなければならない。

4　内閣総理大臣及び公正取引委員会は、第一項又は前項の規定による処分をしたときは、内閣府令で定めるところにより、告示しなければならない。

5　私的独占の禁止及び公正取引の確保に関する法律（昭和二十二年法律第五十四号）第七条第一項及び第二項（同法第八条の二第二項及び第二十条第二項において準用する場合を含む。）、第八条の二第一項及び第三項、第二十条第一項、第七十条の四第一項並びに第七十四条の規定は、第一項の認定を受けた協定又は規約及びこれらに基づいてする事業者又は事業者団体の行為には、適用しない。

（協議）

第三十七条　内閣総理大臣は、前条第一項及び第四項に規定する内閣府令を定めようとするときは、あらかじめ、公正取引委員会に協議しなければならない。

　　　　第五章　雑則

（権限の委任等）

第三十八条　内閣総理大臣は、この法律による権限（政令で定めるものを除く。）を消費者庁長官に委任する。

2　消費者庁長官は、政令で定めるところにより、前項の規定により委任された権限の一部を公正取引委員会に委任することができる。

3　消費者庁長官は、緊急かつ重点的に不当な景品類及び表示に対処する必要があることその他の政令で定める事情があるため、事業者に対し、措置命令、課徴金納付命令又は第二十四条第一項の規定による勧告を効果的に行う上で必要があると認めるときは、政令で定めるところにより、第一項の規定により委任された権限（第二十五条第一項の規定による権限に限る。）を当該事業者の事業を所管する大臣又は金融

庁長官に委任することができる。

4　公正取引委員会、事業者の事業を所管する大臣又は金融庁長官は、前二項の規定により委任された権限を行使したときは、政令で定めるところにより、その結果について消費者庁長官に報告するものとする。

5　事業者の事業を所管する大臣は、政令で定めるところにより、第三項の規定により委任された権限及び前項の規定による権限について、その全部又は一部を地方支分部局の長に委任することができる。

6　金融庁長官は、政令で定めるところにより、第三項の規定により委任された権限及び第四項の規定による権限（次項において「金融庁長官権限」と総称する。）について、その一部を証券取引等監視委員会に委任することができる。

7　金融庁長官は、政令で定めるところにより、金融庁長官権限（前項の規定により証券取引等監視委員会に委任されたものを除く。）の一部を財務局長又は財務支局長に委任することができる。

8　証券取引等監視委員会は、政令で定めるところにより、第六項の規定により委任された権限の一部を財務局長又は財務支局長に委任することができる。

9　前項の規定により財務局長又は財務支局長に委任された権限に係る事務に関しては、証券取引等監視委員会が財務局長又は財務支局長を指揮監督する。

10　第六項の場合において、証券取引等監視委員会が行う報告又は物件の提出の命令（第八項の規定により財務局長又は財務支局長が行う場合を含む。）についての審査請求は、証券取引等監視委員会に対してのみ行うことができる。

11　第一項の規定により消費者庁長官に委任された権限に属する事務の一部は、政令で定めるところにより、都道府県知事が行うこととすることができる。

（内閣府令への委任等）

第三十九条　この法律に定めるもののほか、この法律を実施するため必要な事項は、内閣府令で定める。

2　第三十七条の規定は、内閣総理大臣が前項に規定する内閣府令（第

三十六条第一項の協定又は規約について定めるものに限る。）を定めよ
うとする場合について準用する。

（関係者相互の連携）
第四十条　内閣総理大臣、関係行政機関の長（当該行政機関が合議制の
　機関である場合にあつては、当該行政機関）、関係地方公共団体の長、
　独立行政法人国民生活センターの長その他の関係者は、不当な景品類
　及び表示による顧客の誘引を防止して一般消費者の利益を保護するた
　め、必要な情報交換を行うことその他相互の密接な連携の確保に努め
　るものとする。

（外国執行当局への情報提供）
第四十一条　内閣総理大臣は、この法律に相当する外国の法令を執行す
　る外国の当局（次項及び第三項において「外国執行当局」という。）に
　対し、その職務（この法律に規定する職務に相当するものに限る。次
　項において同じ。）の遂行に資すると認める情報の提供を行うことがで
　きる。
2　前項の規定による情報の提供については、当該情報が当該外国執行
　当局の職務の遂行以外に使用されず、かつ、次項の同意がなければ外
　国の刑事事件の捜査（その対象たる犯罪事実が特定された後のものに
　限る。）又は審判（同項において「捜査等」という。）に使用されない
　よう適切な措置がとられなければならない。
3　内閣総理大臣は、外国執行当局からの要請があつたときは、次の各
　号のいずれかに該当する場合を除き、第一項の規定により提供した情
　報を当該要請に係る外国（第三号において「要請国」という。）の刑事
　事件の捜査等に使用することについて同意をすることができる。
　一　当該要請に係る刑事事件の捜査等の対象とされている犯罪が政治
　　犯罪であるとき、又は当該要請が政治犯罪について捜査等を行う目
　　的で行われたものと認められるとき。
　二　当該要請に係る刑事事件の捜査等の対象とされている犯罪に係る
　　行為が日本国内において行われたとした場合において、その行為が
　　日本国の法令によれば罪に当たるものでないとき。

　　三　日本国が行う同種の要請に応ずる旨の要請国の保証がないとき。

4　内閣総理大臣は、前項の同意をする場合においては、あらかじめ、同項第一号及び第二号に該当しないことについて法務大臣の確認を、同項第三号に該当しないことについて外務大臣の確認を、それぞれ受けなければならない。

（送達書類）

第四十二条　送達すべき書類は、この法律に規定するもののほか、内閣府令で定める。

（送達に関する民事訴訟法の準用）

第四十三条　書類の送達については、民事訴訟法（平成八年法律第百九号）第百条第一項、第百一条、第百二条の二、第百三条、第百五条、第百六条、第百七条第一項（第一号に係る部分に限る。次条第一項第二号において同じ。）及び第三項並びに第百八条の規定を準用する。この場合において、同法第百条第一項中「裁判所」とあり、及び同法第百八条中「裁判長」とあるのは「内閣総理大臣」と、同法第百一条第一項中「執行官」とあり、及び同法第百七条第一項中「裁判所書記官」とあるのは「消費者庁の職員」と、同項中「最高裁判所規則」とあるのは「内閣府令」と読み替えるものとする。

（公示送達）

第四十四条　内閣総理大臣は、次に掲げる場合には、公示送達をすることができる。

　　一　送達を受けるべき者の住所、居所その他送達をすべき場所が知れない場合

　　二　前条において読み替えて準用する民事訴訟法第百七条第一項の規定により送達をすることができない場合

　　三　外国においてすべき送達について、前条において読み替えて準用する民事訴訟法第百八条の規定によることができず、又はこれによつても送達をすることができないと認めるべき場合

　　四　前条において読み替えて準用する民事訴訟法第百八条の規定によ

り外国の管轄官庁に嘱託を発した後六月を経過してもその送達を証する書面の送付がない場合

2　公示送達は、送達すべき書類を送達を受けるべき者にいつでも交付すべき旨を内閣府令で定める方法により不特定多数の者が閲覧することができる状態に置くとともに、その旨が記載された書面を消費者庁の掲示場に掲示し、又はその旨を消費者庁の事務所に設置した電子計算機の映像面に表示したものを閲覧することができる状態に置く措置をとることにより行う。

3　公示送達は、前項の規定による措置をとつた日から二週間を経過することによつて、その効力を生ずる。

4　外国においてすべき送達についてした公示送達にあつては、前項の期間は、六週間とする。

（電子情報処理組織の使用）

第四十五条　消費者庁の職員が、情報通信技術を活用した行政の推進等に関する法律（平成十四年法律第百五十一号）第三条第九号に規定する処分通知等であつてこの法律又は内閣府令の規定により書類を送達して行うこととしているものに関する事務を、情報通信技術を活用した行政の推進等に関する法律第七条第一項の規定により同法第六条第一項に規定する電子情報処理組織を使用して行つたときは、第四十三条において読み替えて準用する民事訴訟法第百条第一項の規定による送達に関する事項を記載した書面の作成及び提出に代えて、当該事項を当該電子情報処理組織を使用して消費者庁の使用に係る電子計算機（入出力装置を含む。）に備えられたファイルに記録しなければならない。

　　　　第六章　罰則

第四十六条　措置命令に違反したときは、当該違反行為をした者は、二年以下の拘禁刑又は三百万円以下の罰金に処する。

2　前項の罪を犯した者には、情状により、拘禁刑及び罰金を併科することができる。

第四十七条　第二十五条第一項の規定による報告若しくは物件の提出を
　せず、若しくは虚偽の報告若しくは虚偽の物件の提出をし、又は同項
　の規定による検査を拒み、妨げ、若しくは忌避し、若しくは同項の規
　定による質問に対して答弁をせず、若しくは虚偽の答弁をしたとき
　は、当該違反行為をした者は、一年以下の拘禁刑又は三百万円以下の
　罰金に処する。

第四十八条　次の各号のいずれかに該当する場合には、当該違反行為を
　した者は、百万円以下の罰金に処する。
　一　自己の供給する商品又は役務の取引における当該商品又は役務の
　　品質、規格その他の内容について、実際のもの又は当該事業者と同
　　種若しくは類似の商品若しくは役務を供給している他の事業者に係
　　るものよりも著しく優良であると一般消費者を誤認させるような表
　　示をしたとき。
　二　自己の供給する商品又は役務の取引における当該商品又は役務の
　　価格その他の取引条件について、実際のもの又は当該事業者と同種
　　若しくは類似の商品若しくは役務を供給している他の事業者に係る
　　ものよりも取引の相手方に著しく有利であると一般消費者を誤認さ
　　せるような表示をしたとき。

第四十九条　法人の代表者又は法人若しくは人の代理人、使用人その他
　の従業者が、その法人又は人の業務又は財産に関して、次の各号に掲
　げる規定の違反行為をしたときは、行為者を罰するほか、その法人又
　は人に対しても、当該各号に定める罰金刑を科する。
　一　第四十六条第一項　三億円以下の罰金刑
　二　前二条　各本条の罰金刑
２　法人でない団体の代表者、管理人、代理人、使用人その他の従業者
　がその団体の業務又は財産に関して、前項各号に掲げる規定の違反行
　為をしたときは、行為者を罰するほか、その団体に対しても、当該各
　号に定める罰金刑を科する。
３　前項の場合においては、代表者又は管理人が、その訴訟行為につき
　その団体を代表するほか、法人を被告人又は被疑者とする場合の訴訟

　行為に関する刑事訴訟法（昭和二十三年法律第百三十一号）の規定を
　準用する。

第五十条　第四十六条第一項の違反があつた場合においては、その違反
　の計画を知り、その防止に必要な措置を講ぜず、又はその違反行為を
　知り、その是正に必要な措置を講じなかつた当該法人（当該法人で事
　業者団体に該当するものを除く。）の代表者に対しても、同項の罰金刑
　を科する。

第五十一条　第四十六条第一項の違反があつた場合においては、その違
　反の計画を知り、その防止に必要な措置を講ぜず、又はその違反行為
　を知り、その是正に必要な措置を講じなかつた当該事業者団体の理事
　その他の役員若しくは管理人又はその構成事業者（事業者の利益のた
　めにする行為を行う役員、従業員、代理人その他の者が構成事業者で
　ある場合には、当該事業者を含む。）に対しても、それぞれ同項の罰金
　刑を科する。
2　前項の規定は、同項に規定する事業者団体の理事その他の役員若し
　くは管理人又はその構成事業者が法人その他の団体である場合におい
　ては、当該団体の理事その他の役員又は管理人に、これを適用する。

第五十二条　第三十四条第三項の規定に違反して、情報を同項に定める
　目的以外の目的のために利用し、又は提供した適格消費者団体は、
　三十万円以下の過料に処する。

資料2-1　景品表示法検討会　開催趣旨等及び開催状況

「景品表示法検討会」開催趣旨等

開催趣旨

景品表示法については、平成26年に法改正が行われたところ、改正法の施行から一定の期間が経過したこと及びデジタル化の進展等の同法を取り巻く社会環境の変化等を踏まえ、消費者利益の確保を図る観点から、同法に必要な措置について検討するため、令和4年3月から景品表示法検討会を開催。

検討会委員

大屋　雄裕　　　慶應義塾大学 法学部 教授
沖野　眞已　　　東京大学大学院 法学政治学研究科 教授
小畑　良晴　　　一般社団法人 日本経済団体連合会 経済基盤本部長
川村　哲二　　　弁護士
白石　忠志　　　東京大学大学院 法学政治学研究科 教授
中川　丈久（座長）　神戸大学大学院 法学研究科教授
古川　昌平　　　弁護士
増田　悦子　　　公益社団法人 全国消費生活相談員協会 理事長

「景品表示法検討会」開催状況

開催回	開催日	議題
第1回	令和4年3月16日	検討会の進め方・事務局からの説明 等
第2回	令和4年4月14日	事務局からの説明 独立行政法人国民生活センターからのヒアリング 公益社団法人日本広告審査機構からのヒアリング
第3回	令和4年5月12日	有識者からのヒアリング ・独占禁止法の運用状況について ・海外における広告規制の現状
第4回	令和4年6月23日	事務局からの説明（今後の検討の方向性（案）について） 意見交換
第5回	令和4年9月1日	事務局からの説明 全国消費者団体連絡会からのヒアリング 消費者支援機構関西からのヒアリング
第6回	令和4年9月15日	全国消費生活相談員協会からのヒアリング 日本通信販売協会からのヒアリング 岩本諭 佐賀大学経済学部経済法学科教授からのヒアリング
第7回	令和4年10月5日	日本弁護士連合会からのヒアリング 佐藤吾郎 岡山大学大学院法務研究科教授からのヒアリング 白石忠志 東京大学大学院法学政治学研究科教授からのヒアリング
第8回	令和4年11月9日	事務局からの説明（関係者等ヒアリングにおいて出された御意見及び今後の検討の方向性（案）について） 意見交換
第9回	令和4年11月30日	事務局からの説明（景品表示法検討会 報告書骨子（案）等について） 意見交換
第10回	令和4年12月22日	報告書取りまとめ

※令和5年1月13日に報告書を公表

資料 2-2　　景品表示法検討会報告書（概要及び一部抜粋）

景品表示法検討会報告書の概要（令和5年1月13日公表）

検討の背景

・端緒件数は増加傾向にあるが、平成28年に施行された課徴金の調査もあり事件処理期間が長期化
・繰り返し違反したり、表示内容について何ら根拠を有しないというような悪質事業者も存在

等

早期に対応すべき事項

○事業者の自主的な取組の促進
・確約手続の導入
○違反行為に対する抑止力の強化
・違反行為に対する課徴金の割増
・繰り返し違反に対する課徴金の割増
・課徴金の算定基礎となる売上額の推計
・罰則の導入
○国際化への対応
・措置命令に係る送達規定・海外当局との連携規定の導入
○消費者利益の回復の充実
・課徴金制度における返金措置での電子マネー等の活用
○消費者庁と他の主体との連携等
・消費者庁と消費者団体との連携
・適格消費者団体による表示の合理的根拠の開示要請
・特定適格消費者への情報提供
・都道府県との連携
・法執行における他の制度との連携

※「＿＿」内は法改正を要する事項

等

中長期的に検討すべき事項

○課徴金の対象の拡大、○デジタル表示の保存義務、○供給要件、○ダークパターン

資料 2-3　本改正法概要

令和 5 年景品表示法改正法の概要

商品又は役務の取引に関する表示をめぐる状況に鑑み、景品表示法の改正により、事業者の自主的な取組の促進、違反行為に対する抑止力の強化等を講ずることで、一般消費者の利益の一層の保護を図る。

主な改正事項

1　事業者の自主的な取組の促進

■確約手続の導入
・優良誤認表示等の疑いのある表示等をした事業者が是正措置計画を申請し、内閣総理大臣から認定を受けたときは、当該行為について、措置命令及び課徴金納付命令の適用を受けないこととすることで、迅速に問題を改善する制度の創設（第26条～第33条）

■課徴金制度における返金措置の弾力化
・特定の消費者へ一定の返金を行った場合に課徴金額から当該金額が減額される返金措置に関して、返金方法として金銭による返金に加えて第三者前払式支払手段（いわゆる電子マネー等）も許容（第10条）

2　違反行為に対する抑止力の強化

■課徴金制度の見直し
・課徴金の計算の基礎となるべき事実を把握することができない期間における売上額を推計することができる規定の整備（第8条第4項）
・違反行為から遡り10年以内に課徴金納付命令を受けたことがある事業者に対し、課徴金の額を加算（1.5倍）する規定の新設（第8条第5項及び第6項）

■罰則規定の拡充
・優良誤認表示・有利誤認表示に対し、直罰（100万円以下の罰金）の新設（第48条）

3　円滑な法執行の実現に向けた各規定の整備等

■国際化の進展への対応
・措置命令等における送達制度の整備・拡充、外国執行当局に対する情報提供制度の創設（第41条～第44条）

■適格消費者団体による開示要請規定の導入
・適格消費者団体が、一定の場合に、事業者に対し、当該事業者による表示の裏付けとなる合理的な根拠を示す資料の開示を要請することができるとともに、事業者は当該要請に応ずる努力義務を負う旨の規定の新設（第35条）

※　本法律は原則として、公布の日（令和5年5月17日）から1年半を超えない範囲内において政令で定める日から施行することができるとともに、事業者は当該要請に応ずる努力義務を負う旨の規定の新設（第35条）

資料2-4　本改正法案に関する衆参附帯決議

不当景品類及び不当表示防止法の一部を改正する法律案に対する附帯決議[注]

（注）衆議院消費者問題に関する特別委員会の附帯決議を掲載（参議院消費者問題に関する特別委員会の附帯決議も同趣旨）

政府は、本法の施行に当たり、次の事項について適切な措置を講ずべきである。

一　不当表示の抑止に係る実効性の観点から、本法の施行状況について不断の評価を継続し、上乗せ課徴金算定率の導入、罰則導入等によって、不当表示に対する十分な抑止力が働いたか否かを改めて評価し、抑止力が不十分と評価された場合には、原則的な課徴金算定率の引上げ、課徴金対象期間の延長、規模基準の引下げ、罰則の強化等について検討すること。また、業務停止命令等が可能な特定商取引法の執行と連携し、表示違反行為に対して両法律を適切かつ有効に活用すること。

二　確約手続については、ガイドライン等により、確約手続を利用し得る事案・事業者の対象範囲や、消費者に対し妥当な額を算定して返金することが確約措置の十分性を満たすために有益であること及び確約手続の対象となった事業者名・事案の概要を公表することを明確にすること。また、法改正後にガイドライン等の詳細を速やかに明らかにすること。

三　ステルスマーケティングを景品表示法第五条第三号の指定告示事項として不当表示規制の対象に取り込んだ結果として、インターネットを始めとする通信技術の発達により今後も生起しうる、消費者の自主的意思決定に不当な影響を及ぼす表示について必要十分な抑止機能が働いているか否かにつき、関連する消費者被害の発生状況・態様を継続して注視し、必要に応じて告示・ガイドラインの変更を迅速・柔軟に検討していくこと。

四　景品表示法検討会の報告書において中長期的に検討すべき課題と整理された課徴金の対象の拡大や、差止請求の範囲の見直しについて、指定告示に係る表示の執行状況も注視しつつ、更なる検討を行うこと。また、同様に中長期的に検討すべき課題と整理されたデジタルの表示の保存義務や、供給要件を満たさない者への規制対象の拡大についても、「事業者が講ずべき景品類の提供及び表示の管理上の措置についての指針」の取組状況も注視しつつ、更なる検討を行うこと。

五　返金措置による課徴金額の減額等については、事業者が行う返金措置の実施方法が弾力化されたことに伴い、事業者に対し、金銭と同様に通常使用することができるものに限られることを周知するとともに、事業者が提出する返金措置計画を認定する際には、消費者庁は当該計画が適正なものであるか否かについて厳正に判断を行うこと。

六　消費者裁判手続特例法第九十一条第一項により、内閣総理大臣が特定適格消費者団体に対して提供できる書類として、景品表示法に基づく処分に関して作成したものも提供できるよう、同法同条項の施行後の運用実態を踏まえ検討すること。

七　通信技術の発展により、今後もインターネット上での不当表示の増加が予想されることから、消費者庁において景品表示法の運用に必要となる人員の適正な配置を行い、十分な予算を確保するとともに、より一層、都道府県と密接な連携をとること。

八　広告・表示の適正化に向けた事業者団体や消費者団体等による自主的な取組を促進するため、情報の提供を始め、財政的支援その他の必要な支援を行うこと。とりわけ、景品表示法に基づく適格消費者団体の差止請求については、国・都道府県がなすべき行政処分を補完するものとして機能している社会的実態を踏まえ、当該団体に対する財政的支援その他の必要な支援について検討すること。また、本法により導入される適格消費者団体による開示要請規定の施行状況を踏まえ、必要な場合には、更なる適格消費者団体の立証負担の軽減策について検討を行うこと。

九　外国の事業者から我が国の一般消費者に対して行う不当表示が増加する可能性があることを踏まえ、厳正な執行の観点から、今後も国際化の進展に対応する制度を整備・拡充すること。

十　消費者が商品や役務の取引を行うに当たり判断の情報源となるデジタル広告表示の保存に関し、消費者庁は事業者に対し「事業者が講ずべき景品類の提供及び表示の管理上の措置についての指針」の更なる周知徹底に努めること。

資料2-5 景品表示法の概要

景品表示法の概要

▶ 景品表示法は、一般消費者の自主的かつ合理的な商品及び役務の選択を確保するため、一般消費者に誤認される表示や過大な景品類の提供を制限及び禁止している（景品表示法第1条目的規定参照）。

景品類制限告示（昭和52年告示第5号）
景品表示法第4条（景品類の制限及び禁止）

総付景品 ＝商品の購入者等にもれなく提供する景品類

取引価額	景品類の最高額
1,000円未満	200円
1,000円以上	取引価額の20％

懸賞制限告示（昭和52年告示第3号）

懸賞景品 ＝商品の購入者や来店者等に対し、くじなどの偶然性、特定行為の優劣等によって提供する景品類

一般懸賞

景品類限度額（①、②両方の限度内）

取引価額	①最高額	②総額
5,000円未満	取引価額の20倍	懸賞に係る売上予定総額の2％
5,000円以上	10万円	定額の2％

共同懸賞 ＝一定地域の同業者や商店街が共同実施

景品類限度額（①、②両方の限度内）

	①最高額	②総額
取引価額にかかわらず30万円		懸賞に係る売上予定総額の3％

カード合せ ＝異なる種類の符票の組合せを提示させる方法を用いた懸賞 ⇒全面禁止

業種別景品告示
①新聞業、②雑誌業、③不動産業、④医療用医薬品業・医療機器業及び衛生検査所業

景品表示法第5条（不当な表示の禁止）

事業者が、自己が供給する商品又は役務について行う以下のような不当表示を禁止

優良誤認（5条1号）
商品又は役務の品質、規格その他の内容についての不当表示

不実証広告規制（7条2項）
優良誤認に該当する表示か否かを判断するため必要があると認めるときは、事業者に対し、期間を定めて、当該表示の裏付けとなる合理的な根拠を示す資料の提出を求めることができる。
⇒事業者が合理的な根拠を示す資料を提出しない場合には、当該表示は優良誤認表示とみなされる。

有利誤認（5条2号）
商品又は役務の価格その他の取引条件についての不当表示

誤認されるおそれのある表示（5条3号）
商品又は役務の取引に関する事項について一般消費者に誤認されるおそれがあると認められ内閣総理大臣が指定する不当表示
1 無果汁の清涼飲料水等についての不当な表示
2 商品の原産国に関する不当な表示
3 消費者信用の融資費用に関する不当な表示
4 不動産のおとり広告に関する表示
5 おとり広告に関する表示
6 有料老人ホームに関する不当な表示

資料 2-6 確約手続の概要

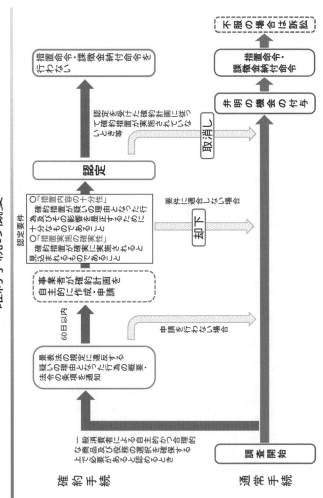

　景品表示法検討会資料（抜粋・公正取引委員会作成の独禁法の確約手続の概要等）

公正取引委員会　Japan Fair Trade Commission

確約制度について①

確約制度とは

◎独占禁止法違反の疑いについて、公正取引委員会と事業者との合意により解決する仕組み（平成30年12月30日施行）

競争上の問題の早期是正、公正取引委員会と事業者が協調的に問題解決を行う領域の拡大に資するもの

※ 環太平洋パートナーシップ協定（TPP）第16.2条5
各締約国は、自国の国の競争当局に対し、違反の疑いについて、当該国の競争当局とその執行の活動の対象となる者との間の合意により自主的に解決する権限を与える。締約国は、その自主的な解決が確定する前に、当該解決について司法裁判所若しくは独立した審判所による承認又は一定の期間の公衆による意見提出の対象とすることを定めることができる。

公正取引委員会 Japan Fair Trade Commission

確約制度について②

○ 確約手続への移行

公正取引委員会は、確約手続により競争上の問題を解決することが公正かつ自由な競争の促進を図る上で必要があると認めるときに確約手続へ移行

○ 確約手続の対象となる行為

確約手続は、独占禁止法の規定上は、私的独占又は不当な取引制限の禁止、特定の国際的協定又は契約の禁止、事業者団体の禁止、不公正な取引方法の禁止のほか、企業結合規制等も含めた全ての行為類型が対象

※ ただし、

①入札談合、価格カルテル等（いわゆるハードコアカルテルと呼ばれる類型）
②過去10年以内に法的措置を受けたものと同一の違反被疑行為
③刑事告発相当の違反被疑行為

の3つの場合については、違反を認定して排除措置命令などによって厳正に対処する必要があることから、運用上、確約手続の対象としないこととされている。

○ 確約計画の認定（法48条の3及び48条の7）

確約認定申請において提出された確約計画における確約措置が、競争秩序の回復の確保又は将来の不作為の確保の観点から、認定要件（措置内容の十分性、措置実施の確実性）に適合していると判断される場合には、公正取引委員会は当該確約計画を認定

 確約計画には、これまでの排除措置命令では命じられていない措置が盛り込まれることもある
（例：優越的地位の濫用事件における納入業者に対する金銭回復措置）

2

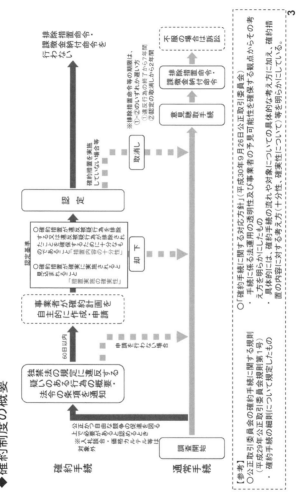

確約制度について④ 公正取引委員会 Japan Fair Trade Commission

◆確約制度の最近の事例

番号	件名	被疑行為	確約計画の認定日
1	アメアスポーツジャパン株式会社及びウイルソン・スポーティング・グッズ・カンパニーに対する件	競争者に対する取引妨害	令和4年3月25日
2	Booking.com B.V.に対する件	拘束条件付取引	令和4年3月16日
3	日本アルコン株式会社に対する件	拘束条件付取引	令和3年3月26日
4	ビー・エム・ダブリュー株式会社に対する件	優越的地位の濫用	令和3年3月12日
5	株式会社シードに対する件	拘束条件付取引	令和2年11月12日
6	アマゾンジャパン合同会社に対する件	優越的地位の濫用	令和2年9月10日
7	ゲンキー株式会社に対する件	優越的地位の濫用	令和2年8月5日
8	クーパービジョン・ジャパン株式会社に対する件	拘束条件付取引	令和2年6月4日
9	日本メジフィジックス株式会社に対する件	私的独占 競争者に対する取引妨害	令和2年3月11日
10	楽天株式会社に対する件	拘束条件付取引	令和元年10月25日

4

公正取引委員会
Japan Fair Trade Commission

国際事案への対応

国外で行われた行為に対する独占禁止法の適用

「独禁法は、国外で行われた行為についての適用の有無及び範囲に関する具体的な定めを置いていないが、同法は、公正かつ自由な競争を促進することなどにより、一般消費者の利益を確保するとともに、国民経済の民主的で健全な発達を促進することを目的としていること（1条）等に鑑みると、国外で合意されたカルテルであっても、それが我が国の自由競争秩序の適用を害する場合には、同法の排除措置命令及び課徴金納付命令に関する規定の適用を解することが相当である。（略）本件のような価格カルテルが我が国に所在する者を取引の相手方とする競争を制限するものであるなど、価格カルテルは、我が国の自由競争秩序を侵害するものといえることができる」（平成29年12月12日最高裁判決）。

国外における送達

◆領事送達（独占禁止法第70条の7（民事訴訟法第108条の準用）
◆公示送達（独占禁止法第70条の8）……平成14年法改正により導入
【事例】テレビ用ブラウン管の製造販売業者らに対する件（平成21年10月7日 排除措置命令、課徴金納付命令）

海外当局との協力

◆米国等との二国間協力協定
◆経済連携協定

【内容】通報、礼譲、情報交換、調整等
※ 外国競争当局への情報提供（第43条の2）

5

資料2-8 景品表示法違反の事件処理手続

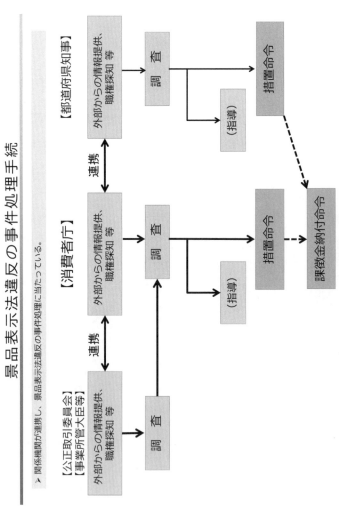

景品表示法違反の事件処理手続

➤ 関係機関が連携し、景品表示法違反の事件処理に当たっている。

[公正取引委員会]
[事業所管大臣等]

[消費者庁]

[都道府県知事]

外部からの情報提供、
職権探知 等

調　査

連携

外部からの情報提供、
職権探知 等

調　査

（指導）

措置命令

課徴金納付命令

連携

外部からの情報提供、
職権探知 等

調　査

（指導）

措置命令

（注）措置命令及び課徴金納付命令に関する要件を満たすと認められる事案であることが前提。

資料2-9　景品表示法違反に係る端緒件数と調査・措置件数の推移

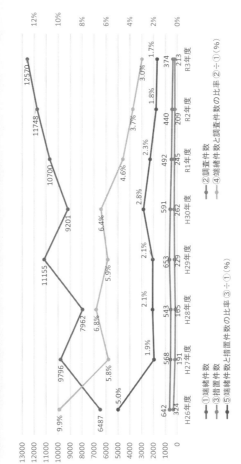

景品表示法違反に係る端緒件数と調査・措置件数の推移

➤ 近年における、景品表示法違反に係る端緒件数と調査・措置件数の推移は、以下の通り。

①端緒件数
②調査件数
③措置件数
④端緒件数と調査件数の比率 ②÷①（％）
⑤端緒件数と措置件数の比率 ③÷①（％）

	H26年度	H27年度	H28年度	H29年度	H30年度	R1年度	R2年度	R3年度
①端緒件数	9796	11155	7962	9201	10700	11748	12570	
②調査件数	6487							
③措置件数	642	568	543	653	591	492	440	374
	324	191	165	229	262	245	209	213
④比率	9.9%	6.8%		6.4%		3.7%	1.8%	1.7%
⑤比率	5.8%	5.8%	5.9%		4.6%		3.0%	
	5.0%	1.9%	2.1%	2.1%	2.8%	2.3%		

(注1)端緒件数は、当該年度における新規の職権探知、情報提供及び自主報告の合計の件数。
(注2)調査件数は、端緒件数及び昨年度から繰り越し案件のうち、景品表示法被疑事案として処理することが適当と判断された事案数。
(注3)措置件数は、措置命令件数と指導件数の合計。
(注4)端緒情報の内容・精度、事案の軽重・複雑性の程度、調査対象事業者の協力の程度等は事案ごとに千差万別であるため、上記グラフが示す
数値は参考情報。

■資料 2-10■　景品表示法の事件処理に関する平均的な期間について

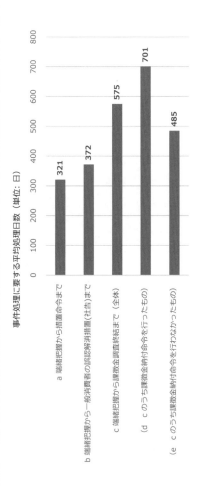

景品表示法の事件処理に要する平均的な期間について

▶ 端緒把握から措置命令までの平均処理日数は321日、端緒把握から措置命令を受けた事業者が社告を行うまでの平均日数は372日、端緒把握から課徴金調査終結までの平均処理日数は575日となっている。（うち、課徴金納付命令を行った事案の平均処理日数は701日、課徴金納付命令が行われなかった事案の平均処理日数は485日となっている。）

（注）平成28年4月以降に消費者庁及び都道府県等が措置命令を行った事業のうち令和3年度末までに課徴金調査が終結している事案（計188件）から算出

逐条解説　令和5年改正景品表示法
──確約手続の導入など

2023 年 12 月 15 日　初版第 1 刷発行

編 著 者	南		雅	晴
	片	岡	克	俊
著　　者	小	田	典	靖
	渡	辺	大	祐
	山	本	竜	大
発 行 者	石	川	雅	規

発 行 所　　株式会社　商 事 法 務

〒103-0027 東京都中央区日本橋 3-6-2
TEL 03-6262-6756・FAX 03-6262-6804〔営業〕
TEL 03-6262-6769〔編集〕
https://www.shojihomu.co.jp/

落丁・乱丁本はお取替えいたします。　　印刷／大日本法令印刷

© 2023 Masaharu Minami,
Katsutoshi Kataoka
Printed in Japan
Shojihomu Co., Ltd.
ISBN978-4-7857-3063-5
＊定価はカバーに表示してあります。

JCOPY ＜出版者著作権管理機構　委託出版物＞
本書の無断複製は著作権法上での例外を除き禁じられています。
複製される場合は，そのつど事前に，出版者著作権管理機構
（電話 03-5244-5088，FAX 03-5244-5089，e-mail: info@jcopy.or.jp）
の許諾を得てください。